學佛入門 6

神通與人通

宗教人生

SUPERNORMAL COGNITION AND HUMAN INTERCONNECTEDNESS

LIFE AND SPIRITUALITY

聖嚴法師——著

目錄

編案：為使各篇主題更具次第，更利於讀者閱讀，本次出版特別重新調整前半部七篇文稿之順序，特此說明。

從人生的痛苦到人性的昇華

痛苦的壓力，迫使人們去思想，思想的結果，便是智慧的出現，智慧的功用，乃在引導人性的昇華。

一般不解佛法，也不能透視歷史本質的人，往往誤解佛法，曲解歷史，認為佛法的出發點是苦，佛法的目的地是離苦；以苦來概括人生和人類歷史，是悲觀失意者的論調，要擺脫生死輪迴的苦海，乃厭世逃遁者的宗旨！並且以為人類的生活之中，雖有痛苦的成分，但總不是絕對的主宰；人類的一部歷史，雖有很多戰亂災荒的事實，但卻不能否認我們的先祖，也曾有過若干階段的昇平景象。由此推論下去，他們便不得不說：「佛法只知有苦不知有樂，在苦的觀念的強調之下，無異是否定了人類生存的真實趣味，和歷史演化的究竟價值。」這樣看起來，他們接著要說的便是：「佛教雖有其誘導人心向善的功能，奈何其不是終極圓滿的真理！」

筆者為了正視這一問題的嚴重性，願就個人的知見，探索歷史，觀察事實，做一番綜合的演繹，以俾對於苦的問題，重來一次估計。

一、看看人類的歷史

中國的古人嘗說：「憂以啟聖，樂以亡身。」每當人們的生活瀕於絕境，或者生存的希望有了阻礙，所謂「急中生智」，乃是自然的現象；相反地，人們一旦居身於聲色奢華之中，便難保不是腐化或墮落的開始，最後的結局，也很難不是樂極生悲的寫照。由此證明，人生苦樂的演變，如果沒有一種宗教（或哲學）思想的主宰，永遠是在由苦到樂，由樂到苦，再由苦到樂，正反反正，循環不已，可惜我們的生命很短，往往在樂的終了，便是生命的結束！所謂：「一失足成千古恨，再回頭已百年身！」

我們人類的歷史，為時並不久遠，但它所有的記載，已夠我們得到一個結論：歷史是人類智慧的說明，更是人類苦痛的結晶。有人說，人類的祖先發明了擊破石片，拿來當作武器或器具的偉大智慧，並不亞於二十世紀科學家的擊破原子核。這是說明人類的智慧是累積演進的，並不是突然躍進的。但是試問：人類哪裡來的智慧，而且又將這些智慧堆積起來，造成了時代的文明與社會的文化呢？很簡單，那是由於連續不斷地痛苦，壓迫著人類的生活，刺激著人類的心靈。每當遭遇了困難或痛苦，便會勾起一連串的回憶，希望從回憶中能夠找到類似情形的經驗，以便解決面臨的危急。如將回憶的過程拉長，經驗的範圍擴大，那就是對於歷史知識的尋求。所以政治家要從中外今古的政治史中找得現實的答案；軍事家往往要研究兵法參考戰例，然後才能以果斷的決心擬就戰鬥序列；藝術家要從古人的作品中吸吭風格，品味神韻，再來發揮自己的創作；至於農業、礦務、航海、天文以及醫藥等等，無不要仰求於歷史的陳跡，做為實用的參考。萬一沒有歷史的先例做為處理的依據，那麼就要運用我們自己的思想了，再將我們自己從思想中所發現的經驗傳流下去，便又成了後人的歷史價值。因此，我要肯定地說：痛苦刺激思想，思想發揮經驗，經驗留下歷史。

且看歷史的事實：古代的希臘，由於地理環境的關係，不能產生一個統一完整的政治系統，只有部落式的山城村落，或市府城邦，每一個小的政治單位，隨時都準備著向外發展，擴充自己的地盤（如雅典與斯巴達）。當然，要想擴充，就不能避免戰爭，要戰爭，就不能沒有戰爭的方法和手段，所以奠定了西方世界向外擴充領土的野心。然而，戰爭是殘酷的也是痛苦的，雖然戰爭的洗禮（蘇格拉底曾經從軍作戰）也能孕育出古希臘哲學家，可是他們的民族性，限制了他們的思想家，故到亞里斯多德的學說出現，還是著重於市府政治的研討。再說到基督教的出現，儘管耶穌是個標榜原始罪惡與強調原始罪惡的人，但他不能否認，他之所以要反對猶太教，是為了猶太教的狹窄與殘忍、虛偽與自私，故他極力提倡博愛，即使耶穌並沒有完全擺脫猶太教義《舊約聖經》的桎梏，但他卻有著這樣的努力；其次耶穌之要宣揚他所謂「神愛世人」的「福音」，乃是為了當時的政府以及當時人的嗜殺好鬥，人命沒有保障，人權毫無尊嚴，如中國人所傳：「君要臣死，臣不敢不死；君要臣活，臣不得不活。」很像今日鐵幕中的人民，失卻了生與死的自由。沒有理由、不問理由的暴政，在在促成耶穌的悲心，這種悲心，不但培養了他在「髑髏地」殉道的精神，同時也博得了後世人們的同情。直到經過一千三百多年，又因為基督教會變成了羅馬政府的保母，教會的勢力占據了整個歐洲大陸，教會內部腐敗，教會對外黑暗，形成了專制暴虐，人民沒有了思想與行為的自由，因此便有「文藝復興」的偉大先鋒，義大利人佩脫拉克（Petrarch，西元一三〇四—一三七四年）的出現。接著來的便是新教改革運動的開始，有一位名叫威克里夫（John Wycliffe，西元一三二〇—一三八四年）的英國神父，曾以公開的言行，來攻擊若干天主教的教義與實施方法。跟著進行的人，便是聞名後世的日耳曼人——馬丁．路德（Martin Luther，西元一四八三—一五四六年）及法蘭西人——約翰．喀爾文（John Calvin，西元一五〇九—一五六四年）。自從接二連三的文藝復興、宗教改革的時代思潮之後，西方人的政治意識（平等自由），也就連帶著活躍起來了，例如孟德斯鳩（Montesquieu，西元一六八九—一七五五年）的學說對於英國政治及美國聯邦政治的影響，伏爾泰（Voltaire，西元一六九四—一七七八年）及盧梭（Rousseau，西元一七一二—一七七八年）的思想對於法國革命的影響。由於宗教政治的過度壓迫人民，過度沒收人民的自由，才會引起各種思想的革命——科學，以及人文主義的抬頭。這些種種的事實，無不說明了痛苦的刺激，促成了智慧的果實。不過筆者願在這裡附帶說明，今日共產主義之影響著整個的世界，正因為西方文化的矯枉過正：在文藝復興之後，證實了宗教（基督）的教義與科學的事實脫了節，由於科學的方式，揚棄了宗教的精神，這期間便是馬克思唯物辯證法與歷史唯物論之能產生的溫床。

我們再將視線拉回東方來看。先說印度，印度與中國，並為東方世界的文明古國，不過印度也跟西方民族一樣，他們先民的政治生活與思想活動，多半是以宗教的信仰，做為發展的重心，這和我們的中華民族，是一個最顯著的不同點。比如約在西元前六世紀之際，因為印度社會中，以祭師為主的婆羅門教，僧侶腐敗墮落，階級等差不平，人民沒有自由的權利，失去了對婆羅門的宗教信仰，才有摩訶毘盧（Mahavira）起來樹立耆那教，又有釋迦牟尼（Shakyamuni，西元前五六七—四八六年）創建了偉大的佛教；到十五世紀時，又因為穆斯林侵入印度以來，由於宗教信仰的不同，穆斯林與印度教徒（即舊日的婆羅門教）之間，常常發生不愉快的流血事件，故有難能教主（Gurū Nānak，西元一四六九—一五三九年）出來融會伊斯蘭教與印度教的教義，創立了錫克教；到了近代，因為感於民族自主的需要，乃有聖雄甘地，負責印度國民大會黨的領導，趕走了統治印度達一百五十多年的英國人。再說我國呢？如果沒有周末的天下大亂，群雄割據，生靈塗炭，人命岌岌不可終日，絕不會有像孔子這樣的大思想家出現，餘如老子主張無為，莊子歌頌逍遙，楊朱的為我（曾說：人人不損一毫，人人不利天下，天下治矣），墨子的兼愛（曾說：視人之父若己父），以及孟軻講性善，荀卿闡性惡等等。他們的思想雖然各有出入，彼此的宗旨，卻是並無差別，他們都能抱著「以天下為己任」的態度，貢獻出自己的思想，以期挽救時局於倒懸，使得人民得到長期的休養生息，永遠地和平互助。再往下推，到了魏晉南北朝的中間，又因為國內盜賊四起，政權你爭我奪，政治四分五裂，儒家的思想，對於社會人心失去了主宰或維繫的力量，於是佛教的大德高僧，相繼而出，如東晉釋道安，廬山釋慧遠，史家每稱釋道安是中國佛教開始成熟的代表，釋慧遠是中國佛教繼續發展的開始。所以當時的碩學大儒，很多是這兩位高僧的學生，或者是這兩位高僧的好友。到了近代，如果不是滿清政府的懦弱無能，引來東西列強的蠶食鯨吞，當也不可能形成中山先生三民主義的國民革命。

從這些歷史的引證，我們就不難了解，與其說佛法的「苦」字是歷史的預言，倒不如說，歷史的定律，為佛法的真理做了最佳的註腳。說到這裡，我們可以解答部分的問題了：佛教講苦，尤其主張離苦得樂，但是人類的未來，或者說是我們的遠景，應該有著兩個不同的方向，做著永無休止的邁進與下墮。向美向善是邁進，向醜向惡是下墮；個人人性的昇華與宇宙現象的美化是邁進，個人人格的腐朽與社會道德的惡化是下墮。一般人總以為佛法是側重於個人人性的昇華，而忽略了整個人類社會的美化。其實不然。佛陀是透視到了人類乃至一切眾生的習性或墮性，好像牛馬一樣，有了鞭策的痛苦，便拚著老命向前奔馳。離開了痛苦的鞭策，我們就很容易放棄了更美更善的理想，沉溺於目前有限的安樂之中，可是一旦有了意外的事變，那就糟了。像這樣的歷史陳跡很多，個人的類似情形更多，歷史上每一朝代的開國君主，無不都是雄才大略，亡國之君，又不外出乎昏庸無能；祖上先人是大富鉅子，後世子孫，則很少逃出破落戶的命運。佛陀看出這一點，佛陀明白人類的社會，不到人間淨土的實現，絕不會有永久的快樂或絕對的快樂；個人不到超出三界的境界，也不會脫離痛苦的感受。佛以苦的觀念來策勵社會，希望社會從痛苦中不斷地奮鬥，直到拋棄了所有乃至可能的痛苦時為止——那是人間淨土的實現（超越的大同世界）；他以苦的理由來警惕人類乃至所有的眾生，希望我們由生老病死，死生老病，生死死生中漸漸磨鍊，慢慢昇華，直到了生脫死為止——那是超出三界（欲界、色界、無色界）。由於這樣的緣故，佛家才有「地獄未空，誓不成佛」的悲心大願。可見佛教「以苦來概括人生和人類的歷史」，並不是「悲觀失意者的論調」；要「擺脫生死輪迴的苦海」，也不是「厭世逃遁者的宗旨」。相反地，我人只有把握住了佛教所說「觀受是苦」的思想重心，人類的歷史，才會級級向上邁進，個人的人格，才會步步趨於昇華。

二、談談個別的人生

中山先生說：「夫國者人之積也，人者心之器也，……政治之隆污，繫乎人心之振靡。」《大學》說：「一家仁，一國興仁。」「格物，致知，誠意，正心，修身，齊家，治國，平天下。」無論是社會的變遷或時代的安危，都不出人類個別行為的範圍，例如一個國家的領導人或執政者，好大喜功，驕奢淫逸，他所領導的國家，一定也是表面堂皇，內部空虛的一隻紙老虎。這種個人的言行，對於社會的關係所產生的影響，以現代化的解釋，乃是人類精神的彼此輻射；在佛教來說，便是眾生業力的互為因緣，任何個人都會受到任何他人的影響，任何他人也會受到任何個人的影響。佛陀看準了人類社會，種種病態的淵藪，便來對症下藥，提出了「苦」的觀念，給人類之中的每一個人，預備了強心針或防腐劑，希望人人都能接受這種觀念的心理治療之後，時時警惕，念念向上，那又豈只是我國聖人所說「一家仁，一國興仁」的理想？佛教之所以只說「觀受是苦」，而不進一步說「一國皆苦」，正因為佛法的偉大，佛法不受時間與空間的局限，不但衝破國家與民族或宇宙的界限，同時還通過眾生的類別依然適用；不唯對過去或現在的眾生有效，即使到了永遠乃至無盡的未來，一樣可以兌現。

說到這裡，也許有人懷疑，儒家講仁，佛家說苦，根本牛頭不對馬嘴，怎會扯到一塊兒來說呢？那麼我要解答：方法雖有不同，出發點完全一樣。仁的涵義是「民胞物與」，苦的目的乃「同體大悲」，這兩者的功用，同樣是把「我」的觀念擴大。儒家的忠恕之道是「推己及人」，是「己欲立而立人，己欲達而達人」，是「己所不欲，勿施於人」。佛家的慈悲精神，是因為自己有痛苦，可見人類都有痛苦；因為人類是動物，可見凡是動物都有痛苦，由此類推，我自己害怕痛苦，就不該加給他人痛苦，也不忍叫所有的動物（有情）增加痛苦，更進一步應該以自己的痛苦來代替他們的痛苦。這就是「無緣之大慈，同體之大悲」的戒殺放生，及捨身救世的大無畏精神。從這裡可以明白，佛教的「苦」，乃即儒家所說「仁」的殊途同歸，且有過之高之而無不及。至於西方宗教基督所說的博愛，不但只愛人類，而且只愛人類之中基督「特選」的信徒，那和我們東方文化的精神比起來，實在是微不足道。

現在讓我們再找一些最為普通的事實，說明人性昇華的途徑。我國有句名言，所謂「寒門出孝子」，在二十四孝的故事之中，沒有幾個是貴族階級的豪門子弟。又有說「文窮而後工」，絕大多數的聖哲學者，都是平民出身，如孔子雖是宋國的貴族，卻是魯國的平民；孟子被儒家稱為僅次於孔子的亞聖，但是孟子的母親，亦為擇鄰而處的紡織女；墨子之所以「腓無胈，脛無毛」、「摩頂放踵以利天下」，據史家的考證，因為墨子可能是個罪犯或奴隸身分的學者。此外，我們往往可以聽說：「只有窮人才會真正地同情窮人。」所謂

「同病相憐」，例如美國的海倫．凱勒，她之所以成為偉大的社會慈善事業的運動家，因她自己是一個盲人；中國清末的乞丐武訓，他之所以能夠以乞討的所得，來辦義學，並以跪請禮拜的方法來督促師生之間的教學授受，乃因他本人沒有受過教育，深深體會到了文盲的痛苦。再說宗教家，如耶穌也是平民出身，他出生的時候，連房子都沒有，他的母親瑪利亞，竟把他生在馬槽裡，他從小就嘗味著生活的痛苦，從而聯想到整個人類的痛苦。《舊約聖經》告訴他，人類的這些痛苦，是由於人類共同祖先亞當和夏娃的犯罪，而帶來的遺傳，但是耶穌也看出人類之中的痛苦，是因為不能自愛愛人的自作自受與相互敵對，所以他要解救人類的痛苦，他要傳播「神愛世人」的福音，他要在猶太教的「摩西十誡」之外，另加一條「愛鄰居亦如愛你自己」的規定。同時為了《舊約聖經》的限制，耶穌就不能不假託救世主的名義，來為世人（其實只為信徒）贖罪了。最後說到我們佛教的教主釋迦世尊，佛陀雖是一位太子，但據佛經記載，當他出遊四個城門，見到了自然界的弱肉強食，見到了人類生命的有限，見到了年老病痛以及死亡的慘劇以後，他便立志出家，決心要尋求出一個解脫這些痛苦的方法，以便自救救人。可見佛陀出家的動機，乃是由於痛苦的感觸及痛苦的引發，直到他在菩提樹下，明心見性，大徹大悟的時候，他所發現的四諦十二因緣中，仍以「苦」字領先，並以滅苦為目的。這些事實無不說明了痛苦的刺激，促成了人性的昇華。

我們通常聽到說：「吃得苦中苦，方為人上人」，又說：「吃一次虧，學一次乖」，這就是說我們只有不斷地接受痛苦的教訓，才會繼續地向上向善。一般人說「失敗為成功之母」，其實這不是真理，因為任何一樣東西的失敗，乃是成功過程中的一個階段，如說實驗中的碰壁或岔子是失敗，那倒不如說是成功的一個階段或某一部分來的切乎實際。比如一個孩子不知火會灼痛手指，當他被灼痛以後，並不是他的失敗，而是他智慧開發的成功。所以筆者以為，人生的旅程中，儘管有著太多的坎坷與痛苦，但那無一不是成功或昇華線上的符號與標點。唯有安於現狀不求上進，沒有勇氣接受痛苦的人，那才真是悲慘的失敗和徹底的墮落！中國人說「學如逆水行舟，不進則退」，我們的性命，又何嘗不然？在這裡，如果沒有宗教信仰的人，很可能產生疑問，甚至要說，這是自討苦吃的阿Q精神。因為在我們現實的環境中，投機取巧、傷天害理的人，往往比吃苦吃力的人來得有地位。當在吃足苦頭之後，如能立功立德或者著書立說，傳之後世，藏諸名山，所謂「兔死留皮，人死留名」倒還說得過去，但是芸芸眾生，絕大多數，達不到這一目的。往往有人吃苦行善一輩子，到頭來仍與草木同朽，因此便有些人唱出了「識時務者為俊傑」的論調，從事「混水摸魚」或「看風轉舵」的買賣了，他們的理由是：「這個年頭，大家都在勾心鬥角，男盜女娼，單我個人去忠孝仁愛、禮義廉恥，又有啥子屁用！」其實社會的道德感，很像人體對於氣溫的感覺，正因為我人的體溫，高過了外界的氣溫，我人才會覺得身上冷，但總不能因為要減少冷的感覺，反把身上的衣服乾脆全部脫光呀！不過人性的善惡，是個哲學問題，更是宗教問題。一般哲學家認為，凡是最善的人生，便與宇宙化合，成為宇宙或上帝的一部分，這就是所謂泛神論的哲學思想，至於不善的人生，便與草木同朽。基督教的善惡標準，是以信仰做為中心的，信與不信之間，天堂與地獄便是顯明的分水嶺。

總之，西方人的思想，無論哲學或宗教，對於人生的問題，雖想透過現實，來給我們求得解答，但在佛法的前面，他們不唯幼稚，而且是患著高度的近視。

佛教以為每個人的人生，都是永遠不朽的，尤其還是永遠不死的，佛陀眼中，看我們的一生一死，比我們看自己換穿一套衣服還要簡單得多。不管我們在換衣服的過程中，是不是有幾套衣服引起他人的興趣，只要不因我的衣服而使人家感到頭痛，我們便可心安理得，如能更進一步，因了我的衣服，而解決了許多人的困難，豈不更好。所以佛經上說，釋迦世尊在尚未成佛之前的過去生中，經過了三大阿僧祇劫的時間，出生入死，入死出生，抛頭顱灑熱血，他以累生累劫的身體，幫助人家減少痛苦，以他日積月累的智慧，幫助人家解決困難，這就是所謂「我不入地獄誰入地獄」的精神。他以累生累劫所受痛苦的代價，爭取佛陀果位的福德智慧，這種福德智慧的培養，與其說是佛陀向眾生求來，倒不如說是他從痛苦中慢慢昇華的結果。

在這裡我們又可以解答一部分的問題了，「佛法」並不是「只知有苦不知有樂」，只是著重於苦的忍受和苦的領會，使得我們的人性達到究竟或最高的境界，所以佛法「在苦的觀念的強調之下」，不但沒有「否定了人類生存的真實趣味，和歷史演化的究竟價值」。相反地，倒是更加肯定了人類生存的真實趣味，因為佛法告訴我們，除了現在以及未來的痛苦，還有最後成佛的境界等著我們；同時也尤其確定了歷史演化的究竟價值，因為人類的社會，如果時時刻刻都有著苦的嘗試和苦的警覺，從事改善，力求進取，那麼，非但沒有革命或暴動的戰爭，也不會有互相競爭的現象了。筆者以為痛苦的接受和痛苦的發掘，是歷史進化的原動力，偶然的暴動或必然的戰爭，是歷史走向矛盾的反動。如果人類的社會經常不保守，永遠不停滯，怎會又有戰爭？例如美國，自西元一八六五年南北戰爭結束之後，因為時常都在糾正社會病態，所以也不會發生社會革命的危機。所以戰爭雖亦有著刺激歷史演進的動力，但那不是正常也不是主要的原動力。

三、人性昇華的極點

前面說過，泛神論的哲學家們，以為人性的最善，便是融解於宇宙之中。我們中國道家的所謂「歸真返樸」，也不外乎來於自然而復還原於自然的意思。在儒家的理念中，人的最高境界，便是「天人合一」，這個天，在《書經》中常被稱為上帝，不過這個天或上帝的涵義，並不與宇宙的本質或大自然的解釋，有什麼不同，所以有人把中國的哲學思想畫入泛神論的範圍，自也不無道理。基督教的最後目標是上升天國，做上帝的子民，上帝雖是基督教的最善，但是基督的信徒並不能達到上帝同等的地位。佛教的究竟，是在成佛，佛的境界，雖也有著自然或上帝的特性，佛是亙古常存，遍處常在，佛在時間與空間中，如來如去，無往無不往，無在無不在，但是佛陀並不同於自然或上帝。泛神論的自然或上帝，乃是無知無識、不知不覺的，所以西方哲學家亞里斯多德及斯賓諾莎，都以為「人應該愛上帝，上帝無法愛人」，佛陀卻是自覺覺他覺行圓滿的。在泛神論的思想中，只有整體的大我，沒有個別的價值，在佛法中除了大我的統一性，還有個別的獨立性，所以佛的世界無邊，佛的數量無窮，我人成佛，並不因為大我的統一性而抹煞了個別的獨立性。不像泛神論，簡直是否定了個別的人性，像這樣的昇華，善是善了，但在我看來，總覺得太空虛也太沒有意思了。再以基督教與佛教來比較，基督教更有問題，《新約聖經》雖說上帝「充充滿滿有恩典」，但是這樣的恩典，並不能把上帝的兒女，變成上帝的繼承人；同時依照《舊約・創世記》的神話記載，基督教的上帝，並不即是中國人所說的天，中國人的天，是充塞於宇宙之間的，基督教的上帝是超出宇宙之外而獨立存在的東西，所以他能創造宇宙。其實這是不能夠加以驗證的神話，宇宙是無窮大的空間與無限長的時間的綜合，上帝不在這個時間與空間之中，到底又在哪裡？再說正因為上帝不能充塞於整個空間與時間，所以才覺得空虛、感到無聊，因為無聊得發悶，才像小孩子玩泥巴一樣地創造宇宙的萬物。要不然，《創世記》上就該告訴我們，上帝創造萬物的動機是什麼了。耶穌愛人，他把人類置諸於上帝的權威之下；佛陀救世，則教眾生自在充滿於宇宙之間，同樣是屬於人性的昇華，誰說不是佛教的精神更為偉大？

寫到這裡，我們應該有一個結論了。因為筆者同樣是個沒有成佛的凡夫，無法把佛的境界拿出來做為現實的求證，但是我敢保證，依照佛法的道理去做，即使成佛的理想是騙人的謊話，那也有益無損。試問：步步腳踏實地，時時忍受痛苦，從痛苦中求取經驗，以經驗來建設自己，那豈不是走向成功之路的最好方法？可見，佛教不但「有其誘導人心向善的功能」，尤其還是「終極圓滿的真理」。

（《人生》雜誌十卷四期）

人心的安頓和自性的超脫

一、方生方死，方死方生

依照生理學的研究，我們人類全身的細胞，經過七年左右的新陳代謝，便通通換過了。也就是說，人生如果活到三十五歲，他的肉體，可能已經過五次的改頭換面或脫胎換骨了。這種新陳代謝的過程，時時刻刻都在一個細胞一個細胞地漸次進行著，甚至可說當一個剛出娘胎的嬰兒，哭出第一聲的時候，一方面固因新鮮的空氣加強了身體的組織，一方面也因空間氣溫的刺激而殺死了不知多少稚嫩的細胞。由此可見，我人的一身一世，由生到死，身體的組織，不但是天天都在所謂「昨死今生」，並且還在隨時隨刻隨分隨秒地「剎那生滅」哩！

不過這在一般人的心目中是不會覺察到的，每每總以為現在的我是我，昨天的我是我，乃至十年、二十年、五十年以前的我也是我，雖然拿起每年的照片來核對一下，幼年時的娃娃不像二十歲時的青年，四十歲時的模樣，也不同六十歲時的型態。但總以為那個變了又變的我，終究還是一個我。根據佛理來說，這便是執著。比如梁啟超先生的看法就不同了，他接受了佛教的觀念，便有一種超乎常人而又合乎科學的見地，西元一九二五年他在清華大學教書，就對學生們這樣說過：「我身上的骨肉血，不到一個禮拜已經變成了街上的糞泥塵，何止生理上如此，心理上的活動，還不是時時刻刻變遷，現在站在講堂上的梁啟超和五十年前抱在他母親懷裡的梁啟超，到底是一個人還是兩個人，也很可以發生疑問。」因此，他在學術思想上的見解，也往往不惜以今日之吾而攻難昨日之吾的。

如果將這原則運用到歷史哲學上去，那麼我們的人身細胞，固在時時刻刻的生滅不已，人類的歷史，又何嘗不然呢？比如中國周代的民族精神，直到現在仍然存在於中國民族之中，但我們卻不能否認現在的中國民族，經數次外來民族的大小融化，以及佛教等哲學思想的漸次輸入，早已不是也不像周朝時代的中國民族了。不過一般現實主義的人們，即使承認人體的細胞和民族的文化，時時都在前後交替，相繼不絕地變遷著，但總不肯承認我人的性命靈魂或意識也有著同樣的延續和變遷的。同時，他們雖然承認漢代的中國民族固是中國民族，換過好幾個朝代的唐、宋、元、明、清而到現代的中國民族依然還是中國民族；前一個朝代到後一個朝代是結帳式的大變，但在每一個朝代的統治階段中，也有其零碎漸變的現象。可是，將這邏輯運用到人生生死的問題上，就有許多人不能接受了，比如凡為水準以上而有些生理常識的人，不會不相信人體細胞在時時生滅的現象，是攻不破的真理，但當進一步告訴他們：「人體細胞的剎那生滅是機能的漸變，人的由生到死，再由死到生，乃性命的大變；漸變中的人生雖不是固定一念的自我，但總還是這一自我本性的延續與演變。大變後的生命，雖已面目全非，並且無從想像，然這一個自我的本性總還是存在著的。正像經過一場浩劫、一場大戰以後，過了一個時期，換了一個朝代，雖然人事全非，但其中國民族仍然有其中國民族的精神與文化一樣。」這一觀點，就難保不受神滅論者如梁武帝時代的范縝，以及所有現實主義無宗教與非宗教者的非難了。其實，他們除非連民族精神（或國魂）的真實性全部抹煞之外，便不能自圓其說，否則，如要一面承認民族精神的實在性，另一面又否定人生靈魂（佛教稱意識）的永久性，那便是強詞奪理的胡說與邪說了。

由上面可以知道，我人不用把自己看得太認真太現實了，因為我人的生理和心理，時時都在變動；同時我人又不能徹底否定了自己或小看了自己，因為千變萬變，自我的本性始終是這千變萬變中的主體，這一主體對於變動中的任何一件事物都要負責任，所以我人的行為又不可隨便。

一般學者主張犧牲個人的小我而去完成人類社會的大我，所以他們往往引用耶穌的話說：「一粒麥子，如果不丟入泥土裡腐爛，則永遠是一粒；如果丟入泥土中腐爛發芽，則可以有十倍百倍的收穫。」這種犧牲自己毀滅自己而幸福後代與繁榮後代的精神，實在是非常偉大的，也是極為悲壯的。這對於人生的鼓勵，在西方世界的確有著不可埋沒的功勞；餘如我國所謂「薪盡火傳」，所謂「春蠶到死絲方盡，蠟炬成灰淚始乾」，都是可歌可泣的精神。這些都能否定了小我而去肯定大我的事實，這也就是人類的社會道德所賴於成長存在的基本因素。可惜這種成全大我的精神雖屬偉大，犧牲小我而徹頭徹尾否定了小我的獨立價值，卻是極其悲哀而又無以著落的！事實上，一般人所標榜的大我，是一個絕對無限的境界，即使犧牲了盡宇窮宙的小我，也未必能夠出現一個完善的大我。可見這一大我的觀念，不唯是空洞的理想，而且還是永永遠遠都達不到目的的空洞理想。其實這一理想也無異是一種痲醉、一種催眠，或一種魔術而已！當然，無論痲醉、催眠或魔術，在某些狀況之下，是對人類社會有益的，所以數千年來所謂人道主義（或人文主義）的精神，的確也給人類歷史寫下了好多光輝而又壯烈的記錄。但是我們要問：自有生民以來，人類之中固有著不少是所謂上帝（善良）的子民，也有著好多是所謂魔鬼（罪惡）的臣屬；上帝天天都在跟魔鬼戰鬥（上帝與魔鬼並不是基督教的專有名詞），卻始終不能把魔鬼的幽靈從人類之中驅逐出境！其中理由，除了教育和宗教的問題（其實一般的教育並不濟事，城市教育高於農村，而農村的罪惡卻少於城市），應該有：第一，否定了小我而肯定大我，小我固可與大我宇宙化合而成為「天人合一」，相反地，如果犧牲小我，當小我死去之後，豈不也是消融於宇宙之中了嗎？第二，能夠成為聖賢豪傑固然好，固然可以垂名青史，流芳千古，而落得一個「精神不朽」的美名。但從有史以來，我們所能知道的古人，又有幾何？同時，不做聖賢和君子，又將怎樣呢？既然達不到聖賢和君子的目的，反過來做一個凡人乃至小人或罪人，又有什麼不同呢？有人說「人在洗澡時，都是一樣的」，那麼人在斷氣後，還不也是一樣的？聖賢會死，不是聖賢最多也只一個死。人生短短幾十年，與其辛勤克制去做聖賢而絕大多數又成不了聖賢；雖說人皆可以為堯舜，倒不如隨波逐流，混水摸魚來得痛快了。

由這兩點理由，我們就可知道，人類社會中，為什麼永遠存在著善惡相對的矛盾現象？人們不能肯定自性本體的獨立價值和永久性，所以無從得到進取的信賴和具體的安頓。例如儒家所說：「高山仰止，景行行止，雖不能至，然心嚮往之。」這種望而不即的心理，其實是非常悲哀的！因為沒有絕對的信心和把握，因為人的壽命太短了，對於崇高理想的追求，往往都有「日暮途遠」的感覺，即如孔子死時，因其所有的政治抱負，未能即身實現，故亦仍有類似「壯志未酬」的慨嘆，與「無可奈何」的心境。於是，有許多意志不堅的人就要這樣想了：「我這塊料還能出人頭地嗎？算了，由他去罷！」

二、自性的解脫與昇華

再看我們的佛法，究竟是怎樣講的呢？一般學者，往往攻擊佛教的自私和遁世，說佛教主張涅槃寂靜，主張超出三界，而不將自己貢獻出來，美化這個現實的人類社會，也不肯將自己融化於自然之中，壯大這個現實的人生宇宙。其實，佛教之偉大，正是偉大在這個地方。佛教主張涅槃寂靜與超出三界，乃是自性的解脫和自性的超出，也就是肯定了每個人的獨立價值。人死並不等於性命的終結，所以任何多高多遠的目的，只要念念不息地追求爭取，絕不會沒有成功的一日。譬如我人在長途旅行中，天黑了沒有關係，睡了一覺到明天再走，明天走不到，明天還有明天，還有許多的明天，故在佛教之中，「雖不能至」這句話是不容存在的。因此，如果人類個個信佛，我們的世界、我們的社會，就不會再有消極、頹廢、懶散、罪惡和失意等的名詞了，因為捱過了今天，還有明天，躲過了今生還有來生，若不向上爬，就是向下沉，與其讓自己沉到無窮深無盡長的生命底流時再向上爬，為什麼不在當下的現在就向上爬呢？既然有了向上爬升的決心，那就開始準備去做各種各樣的犧牲罷！因為人性只有在繼續不斷地痛苦中，才會漸漸向上昇華。

粗看起來，佛教講求個人自性的解脫或昇華，好像是自私的，事實上，這一自私的終點正是慈悲精神的圓滿表現，自私是為個人的超脫，但要求得個人的超脫，又非以慈悲救世的心量和行為來換取不可。一般人總以為佛教徒參禪念佛就可以了生脫死，其實這是粗淺的看法，要知道，參禪與念佛的目的同在一個禪定的境界，但是禪定的境界共分四等，到達第四禪的時候，慈悲喜捨的四無量心便可隨意而得了。如果慈悲的心量和施捨的行為不夠，就想超脫三界，根本是不可能的事。可見佛教的自私（其實用不著這個名詞）肯定了個人的獨立價值，這一獨立價值的延續和發揚，便是大慈大悲的表現，大慈大悲的終結，又是自性本體的重加肯定——佛性的圓成與本性的解脫（解脫不即否定，否定是不存在，解脫是存在而得大自在）。這樣的發展，這樣的上升，這樣的美化，人生只有希望，前途只有光明；只要堅定信心，對準目標，雨過就是天晴，翻過了生死旅途的崇山峻嶺，不愁沒有柳暗花明的勝境。至於前面所說犧牲（貢獻）小我而成全大我的理論，以佛教的觀點，自然不必說他們不好，但卻不能不說他們不夠頂好，因他們只鼓勵人們把自己貢獻出來，但不能更積極地使得人們非把自己貢獻出來不可。佛教教人超脫生死苦海，無所謂犧牲小我而完成大我，超脫是個人的超脫，成佛也是個人的成佛，但如要想超脫，要想成佛，必須廣結善緣，從痛苦的磨鍊中，將自己堅強起來擴大開來。這在消極方面可以令人有一落實的寄託，不致因頹廢無望而形成犯罪，在積極方面又可以令人奮發圖強，貢獻出自己，而又壯大美化了自己。可見即使佛說的生死觀念，我們尚未親身歷證，也比孔子所說「知之為知之，不知為不知」的現實感為好。同時，凡是我們所不知的、未見的，不一定就等於沒有，何況佛陀是「真實語」者呢。否則，這一現實的觀念，便成了我人生死兩端的屏障，而會令人產生如陳子昂所說的心境：「前不見古人，後不見來者，念天地之悠悠，獨愴然而涕下」了。看不到生前，也見不到死後，所謂「未知生，焉知死」的感觸，實在是人類心靈的一大創傷、一大空虛和一大悲哀！不像佛說，眾生是生死相續的，生無可喜，死無可悲，只要生生世世，生得莊嚴，死得其所，我們的理想境域，總有到達的一天。這一說法，對於人類的心靈，豈不是一大安慰、一大著實與一大希望？至於上面說「貢獻出自己，而又壯大美化了自己」，看來似跟「犧牲小我而完成大我」是相近的，不過相近而不相同罷了。因為前者是自性本體的壯大和美化，後者是將自己去堆積大我與裝飾大我；前者的目的是將自性本體充塞於宇宙之間，後者乃把自己融化於自然之中；前者是以自己為主為因，後者則將自己看作大我的附屬品了。雖然到達所謂「天人合一」的境界，同樣可以充塞於宇宙之間，但這充塞之中，早已沒有獨立價值和自由意志的存在了。所以筆者要說這不是不好，但不夠頂好了。

三、世間所有不離因緣

說到這裡，我們要說到因緣的課題了，同時，我們若想知道，人在不斷地貢獻和痛苦中，怎會漸漸地壯大和美化起來的問題，也不能不來請教這個「因緣先生」。我們時常聽說「有緣千里來相會，無緣對面不相逢」的兩句話。並且在這語意之中，似乎是帶著濃厚的神祕色彩，因為常人不解，這個緣字是從哪裡來的，甚至有人把它當「偶然」來解釋的，其實，世間事物的動靜變異，除了緣的因素，根本沒有什麼「偶然」的東西。比如人乘飛機，飛機在飛行中撞山失事，飛機毀了，乘飛機的人也死了，這一乘客的死，乃是出乎意料的慘劇，因為出乎意料，所以稱之為偶然的事件。事實上，如果乘客沒有乘此飛機的可能與必要，飛機如果不是遇到惡劣的氣候，飛行中如果不是經過這一山頭，如果雖經這一山頭而把機頭拉高若干距離，如果不是飛行員在大風暴、大雲霧中不能維持避險的飛行，餘如這一乘客乘坐這一班飛機的決定，以及使他之所以要乘坐這班飛機的動機等等，都是這一不幸事件的因緣，只是他不知道他的一動念、一措置都在步步接近死亡，所以才稱之為意外或偶然而已。

如果把這原則運用到人與人的關係上來，也是一樣的。人與人的相聚相處，是因緣的成熟，人與人的心靈交感，有無相通，情禮往還，是因緣的進行。因緣的關係，在佛教中，只有類別的親疏厚薄，沒有任何的生死界限，所以這與儒家的「推仁」，方法完全一樣，只是程度上的深淺不同。儒家主張修身齊家而後治國平天下，主張親親而仁民，仁民而愛物，這都是由個人而社會，由近而推遠的方法。能夠達到仁民愛物而參贊天地之化育的時候，便是聖人心量的顯現，因其由自愛愛物而進入忘我，進入與天地化合的廣大心境了。不過這種境界，也是不可能保持永久的，顏回三月不違仁，已是難能可貴，顏回以下概可想見，孔子在三十歲以後，能否經常顯露這樣的心境，實在是個很大的問題。即如理學家陸象山所說的：「我心即是宇宙，宇宙即是我心。」王陽明說的「心即理」、「性即理」、「去人欲而存天理」，照字面看來，他們的境界好像已是悟入解脫而且圓成了的，其實他們雖採了一部分佛理，但卻有著濃厚的自然主義色彩。他們最多是在物欲上求得了暫時的解脫，他們所謂的宇宙或天理，也只是一片童心似的境界，一種無私也無知的境界；至於要對世出世間的宇宙大奧，以及差別原理和質量分際的觀察，卻只有佛陀的境界才能悉知悉見了。

再說佛教的因緣關係，佛陀成道之後，先度五比丘出家，再去忉利天宮為母說法，再回王宮為父王等說法，而且度了姨母、妃子、兒子、堂兄弟等去出家；同時佛陀說法四十多年，也多是向人說的。這都說明了佛的教義也是由內向外，由近推遠的。然而有人聽到「一子出家，九祖超生」的話，竟以為佛教也是偏私的。反之，一般人聽到佛教常講救度眾生和眾生平等，又把佛教的悲心大願看同孟子所說的墨子「視人之父若己父，是無父也」，以為佛教光講眾生，便等於忽略了人生，忽略了自己的親屬，以及自己的民族。事實上，佛教講眾生，是由人的本位而達於一切眾生，既不偏於一私，也不捨近就遠。佛教愛護眾生與救度眾生，並且將這心量擴大延長，橫遍十方，豎窮三際（過去、現在、未來，亦稱三世）。但是一口不能吞下一個餅，一鍬不能掘好一口井，所謂：「行遠必自邇，登高必自卑。」雖想橫遍十方和豎窮三際，若不從本身和近處著手，那又何異高調與口號！所以佛陀的戒律中，准許病患的弟子以肉類當藥吃，這就是說，眾生雖然本性平等，但其救度的工作還是先從人類開始。不像後世有些佛弟子，寧可省吃儉用，去買下等動物放生，而置飢寒病困中的人們於不聞不問，實在不是佛陀的本旨。因為戒殺放生固需要，貧困的救濟更需要呀！否則便是捨近就遠的本末倒置了。

佛之所以成佛，乃是他福德智慧的圓滿具足，也就是他的心量、他的影響力，已經充充滿滿、實實在在的擴大延長而達於十方三世了。他在成佛以前的三大阿僧祇劫（一個很長很長的時間過程），都在做著這種影響他人（包括一切眾生）的工作，釋迦世尊在二千五百多年前到人間——我們的世界成佛，便是這一影響工作和心量的圓滿成熟。這一工作的具體表現便是無限量的施捨，施捨他所有的一切，這跟老子所說：「既以為人己愈有，既以與人己愈多。」的道理相近，佛在無數的生死過程中，愈是盡量的施捨（包括財、法、無畏的三種），他的福德智慧，便愈發增長，直到圓滿成熟為止。佛陀的這種施捨，也可稱為結緣或與眾生結緣。同時，這一緣的關係，生在佛時佛國而為佛的常隨弟子，直接接受佛的教化，固然是與佛有緣，即使生在佛後的我們，無論信與不信佛的教義，可是世界整個的文化受了佛教的影響，我們生死在這個世界的人類，現在乃至百千萬世的後代子孫，都不能否認已經接受了佛的影響，雖是間接而又間接了的影響，但總還是影響。那麼這種直接間接的影響關係，便是因緣了。

四、光圈大小，三界浮沉

我們常看到繪畫中的佛菩薩聖像，往往襯有光圈或稱光輪，在頭部或全身。有人說，佛菩薩有光圈，凡人同樣也有光圈，甚至惡人也不例外，因為人在世上，便在人間，既在人間，就有人與人間的互相關係，像魯賓遜那樣漂流荒島的獨處生活，實在不能保持長久，所以人在世上既然有了社會關係（中國一向稱之為倫理），便會影響他人，也要受他人的影響，不過這一影響力的善惡大小，跟著人類的聖賢愚劣的差等分別而有不同罷了！並且以為善者有光圈，惡者有黑圈。這一觀點可算是對的，這就是眾生業力的互為因緣。然而，筆者必須另做一番說明：如果依照上面所說，大聖如同佛陀，固可佛光普照，光遍十方，照窮三世；那麼罪惡者的至深至極，豈不也是黑透一切，將光明全部抵銷，而成一個黑漆一團的黑暗狀態了。其實，這是不可能也是說不通的，否則光圈擴大如佛，固是圓成，罪惡深而極至，豈不也是圓成？依照筆者的看法，聖賢有光圈，凡人有光圈，惡人也有光圈，只是光圈的大小範圍和內外方向的不同而已，聖賢和才智的光圈，其光芒向外而四射，凡人的光圈，其暗淡存在而不顯，惡人的光圈，其收縮向內而不見。為什麼要這樣說呢？因為佛教是肯定一切獨立價值的，不論為善為惡，都不能脫離個人自性的中心，所謂「好漢一人做事一人當」。聖賢才智能夠把自己的聰明才智貢獻（佛教稱布施）給人類社會，他們的影響力是善的，所以光圈向外擴大，凡是受益的人群，便在他們的光圈之中，比如愛迪生發明了一千零九十七種東西，那麼凡是享受他發明物的人們，便在他的光照之下了；等而上之，到達佛陀的境界，因為受益於佛陀的，不光是人，而已遍及一切眾生，所以一切眾生（如佛子護生，生物即受佛恩）都在佛光普照之下了。至於凡人，因其對於社會的貢獻與仰給，收支平衡，他們雖有影響和被影響的作用，但因作用不大，所以他們的光圈是不易為人發現的。再說惡人呢！情形就不同了，他們只知接受而不去貢獻，只能投入他人的光圈，而不能發出自己的光芒，例如愈是白色的物體愈能反射光線，愈是黑色的物體，不但不能反光，而且愈能吸收光線。於是外來的光線愈強，他們內在的光度便愈弱，打死一個人，搶劫若干財物，強姦一個婦女，逼使他人做絕大的犧牲，便是一種絕大的接收，也是一種重大債務的負荷！而且這種債戶，如不及時償還，便會愈積愈多而無有止境，自己的光圈也就愈小而無有止境！

照這樣說來，人性或自性的上升與下墮，也就是各自光圈的擴大與縮小了。一般人總以為佛教所說的超出三界生死，即是全部離開三界的範圍，而去住入另一個獨立自在的境界。依照筆者的看法，並不如此，因為人性或自性的昇華既是光圈範圍的擴大，光圈（其實是光團）擴大而能普照一切，便是自性涅槃的圓滿成熟。可見所謂超出三界，只是超出而非脫出，只是不受三界生死所限而又能夠容納三界生死，只是在三界之內把光圈向外無限的擴充，衝破了三界的拘束而已。到這時候，可以生死自主了，可以「超出三界」，也可以「乘願再來」。相反地，如果人性下墮，便是光圈（光團）的縮小，罪孽愈深，遮障也愈厚，遮障愈厚，光能便愈弱。但其光能雖弱，並不等於沒有自性的存在，只是這一自性的外圍附著了許許多多的債務，在生死之淵中，不斷地向下沉澱，而且愈往下沉，債務愈多，債務愈多，便沉得愈快，光度也愈弱；同時直往下沉，永無止境，愈沉愈深，愈深愈小。所以《地藏經》上，往往說到眾生墮入地獄之後，總是永無出期。實際上，並非沒有出來的期望，只是很不容易出來了！我們想想，直向上升便是光圈擴大而可達於超出三界普照一切的圓成境界，直往下墮乃是光圈縮小而愈縮愈小愈沉愈深地永無止境，那麼到底是上升好呢？還是下墮比較更可怕？但是請別忘記，人走下坡路是極其輕快的，如想爬坡登高則必須付出辛勤奮鬥和犧牲的代價！雖然如孔子所說：「登東山而小魯，登泰山而小天下。」可以開拓人生的境域，增進人性的莊嚴。所以筆者要說：「貢獻出自己，而又壯大美化了自己。」

有人說人的一生一死，赤條條地來，又空空如也地去，既不知來的方向，也不知去的路線，生我之前固已有了人類社會，我死之後，人類社會照常還是進行；我加入了社會活動，社會固在活動，我退出了社會活動，社會還在活動；我跟親戚朋友往來，親戚朋友固和我來往，我不要親戚朋友，親戚朋友卻不會因此而就沒有了親戚朋友；我有了配偶，我們的社會中固然多了一對夫婦，如我不嫁或不婚，我的對方，也不會因此而就一定娶不進來或嫁不出去。照這樣看來，人生是獨立的，而且還是孤立和悲哀的！其實，人在歷史上不但向下可以影響後代，向上接受祖先的影響（這是民族與文化的遺傳），同時還可以影響左右當下的時代社會，如胡適所說：「我這個『小我』不是獨立存在的，是和無量數小我有直接或間接的交互關係的；是和社會的全體和世界的全體都有互為影響的關係的；是和社會世界的過去和未來都有因果關係的。……但是每一個『小我』的一切作為，……都永遠留存在那個『大我』之中……。」（《胡適文存》不朽論）

胡適是個比較樂觀的人，所以他能承認這一歷史的因果關係和社會的因緣關係。但是當他一說到小我留存於大我，便又落於空洞不著實的狀態了。如依照佛說，不唯可以接受胡適前半部分的看法（其實胡適又接受了誰的影響？與其說是萊布尼茲，倒不如說淵源於佛教的思想），尤其還能更進一層地肯定各人的自性（又名真如實性），這一自性出現在我們這個世界的人類之中，固可影響歷史，被歷史影響；影響人類社會，被人類社會影響。但在此一世界此一生命的結束，而到達他方世界，出現於他方世界的眾生群中，同樣也可以產生影響和被影響的作用。佛教不講小我與大我，只講個個都可能將自性擴大，在累生累劫之中，漸漸累積擴大而大至無窮無極——佛性的圓成。這一佛性的圓成，也就是上面所說光圈的圓成，我們試想：如果我們個個能夠成為人性或自性發光的一個基本單元，那麼人類世界的現在社會中共有二十六億人口，就有二十六億個光圈，這二十六億人口的互通有無，發生種種直接或間接的社會關係，便等於二十六億個光圈的圈圈相扣與扣扣相連，也像二十六億盞油燈，燈燈相照盞盞相應，不過其中因有油量與燈炷的多少大小的不同，而有明暗不等的分別罷了。由此而連接人類的歷史文化，又是一個無限的擴展。可見，人生在世不但不會寂寞，而且還是極其熱鬧、極其壯觀的（怕的只是一些不能照人又不能自照的罪惡分子），進而推想到我人在往昔和未來的無數生中，也有類似的境界。在此我們再想：以一燈（或一個自性）而環扣二十六億盞燈，以二十六億的現在社會看成一個大的燈團，又連接人類的歷史文化，而成一個更大的燈團，再把我們這個世界的大燈團再貫串上無數眾生的無窮生死，該是什麼樣的境界了？然而，佛教所說的超出生死輪迴，便是要將自性擴大而衝過這一境界的限制。不過我們必須明白，一盞菜油燈在煤油燈之下是不起作用的，一盞煤油燈到了電燈之下，又暗淡無光了，電燈到了白晝光天化日之下，也不會發生力量。如果自身的光度不足，而想超出三界生死，便等於夢想。光度如能麗日中天，能照萬物不用萬物自照，便是越出了一切光度而不受一切光度的限制。那麼前面說過「貢獻出自己，而又壯大美化了自己」，犧牲自己與人結緣，便是光線的外伸，能有多少人因為我的貢獻犧牲而受到益處，我的光線就可伸結多少人的身上。比如筆者寫這篇文字，是我精力的犧牲，筆者在病中寫這文字，所受痛苦當較平日更多，但是讀者看了此文而且如果受益有用，那便是筆者的光線已經接通了這篇文字的讀者，筆者的光圈也就擴大了一些。如我們不斷地充實、不斷地貢獻犧牲，今生如此，過去曾如此，將來也將如此，我們的光線，便不會沒有接通（包括直接與間接）一切眾生的一天，那時我們便會普照一切眾生，而不受一切眾生生死的拘束了。

最後有幾點補充說明：

第一，本文曾數度批評佛教以外的其他思想，但是並不表示筆者對於那些思想的敵視或攻擊，雖然他們不承認佛教高過他們，佛教卻永遠範圍著他們，正像《西遊記》上的孫悟空，一個筋斗翻了十萬八千里，他自己以為了不起，但卻仍在如來佛的掌心裡。如要敵視或攻擊自己範圍以內的事物，豈不笑話！比如主張「薪盡火傳」，主張犧牲小我而完成大我，都是一種貢獻或施捨的精神，也是一種為自性放光的工作，即使他們不信生死輪迴，而找不到解脫生死的直線大道，但其現前的犧牲貢獻，還是值得景仰和讚歎的，中國人也向有容忍的美德，故對一切善良的思想，都能以「一致而百慮」、「殊途而同歸」的態度來看待。如果依照筆者本文的看法：人性的圓成是總體多面的發展，那麼只要光芒向外的，就比光芒內縮的好。故以我們初機學佛而如筆者的人去看世出世間的聖賢豪傑，都不能不有所感佩和慚愧！

第二，佛教講頓、漸二教與大乘、小乘，若以本文看來，似乎是不適合頓教也不宜於小乘的，因為本文主張日積月累，生生世世地漸漸擴大與慢慢昇華，沒有說到一悟就悟的道理；同時小乘教義，可以不度眾生而先度自己，不用廣結善緣，便可衝破生死界限。但以筆者看來，似乎沒有多大的問題，因為所謂頓悟，乃是最後一念的點破或最後一緣的成熟。比如通常所說「萬事俱備，只欠東風」，周瑜火燒曹操的赤壁戰船，一切已經準備妥當了，孔明替他借來「東風」，只是最後一緣的成熟；次如「千里姻緣一線牽」，一對夫婦的配偶，早就有了所謂「宿世因緣」，現在這「一線」的湊合，也是最後一緣的助成；再如一個孵了二十來天的雞蛋，如因小雞無力掙開蛋殼，經母雞輕輕用嘴一啄，小雞便會脫然而生，並且生氣盎然，但這母雞的一啄，也是最後一緣的助成。同樣地，我們學佛，因為往昔生中的根機深厚，所以生到現世，只要偶受一個禪門所說的機鋒，便可一念點破，而頓超悟入凡上的聖域。那麼所謂頓悟，也沒有什麼神祕可言了。正因為佛是人成的，佛陀又說人身難得，眾生成佛雖要經過三大阿僧祇劫，我們既生為人，就不能小看了自己，說不定我們已到了這一時間過程的最後一個階段乃至已經到了「只欠東風」的最後一念，由此可知，我們只要精勤努力，隨時隨地都有一念點破，頓超直入的可能了。

再說小乘的聖者，他們到了三果「阿那含」的境界，便不會再受生死的束縛了，他們既然不度眾生，怎麼也會超出三界？這一點，我們應該知道，小乘聖者，也是人成的，他們之所以能得人身，必有他們的來歷，他們以人身學佛證果，更必有其不平凡的來歷，所以我們不能因其修學小乘而說他們在過去生中不曾結緣放光，也不能斷定他們的光圈不能超出三界之外。同時，小乘聖者的超出三界，也不等於佛光普照的自性圓成，小乘成佛，仍須迴小向大，而來大放光明。因此筆者以為，這與本文論點也沒有不調和的地方。這樣說法，究竟有沒有錯誤或歪曲，筆者雖願負其全責，唯因學力行持不足，掛漏未盡之處，當望多方教正。

（一九五八年五月十日新店病中，刊於《人生》雜誌十卷六期）

從人與人間到解脫之路

人與人間，本來是融洽無間的，也應該是融洽無間的。然而，不幸得很，現實的人世之間，既被稱為人間，便難不發生間隔的現象或矛盾的事實，尤其不幸的，今日的人間社會，這一現象或事實，依然存在。

一、人與人間的對立和同體

人的本性乃至一切所有有情眾生的自性，都是善良的，也是沒有差別的。但是這一本性或自性，自從很遠很遠的無始生死以來，受著環境的播遷與激盪，便在這本性或自性的外圍，圍上了或多或少的雜物或沉澱物。也就是說，我們在一個生命生死的大漩渦中，跟著旋轉，在這旋轉之際，無意間，便給來自各處的腐草朽木和死貓、死狗、死老鼠（在此應解為我人的私欲雜念和邪念），重重圍在中央，直到我們有機會離開這一漩渦的中心，才會各還自己的本來面目。可見，我們本來善良，人與人間也本來沒有差別，更談不上有什麼對立。然而，我們這個現實的人間，究竟怎樣了呢？從表面看，從現行的《聯合國憲章》看，世界人類，都該一律平等，也該互助合作與彼此敬愛的；一個民族國家中的人民，在民族情感與國家觀念之中，都該平等相處，也該守望相助的；一個社會團體之中，在其共同目標與共同利益之下，每一個組成的成員或社員與會員，都是一致期望，也是一致努力的；一個家庭乃至一對夫婦，父母愛其子女，子女愛其父母，夫婦相愛，尤為常理。如以這樣的眼光，而看我們的現實世界，簡直太可愛了，甚至可以不用我們的呼籲和努力，來建設人間淨土了。可是，我們的世界，真是這樣嗎？夫婦之間，相愛時可以結合，不相愛時又可以離婚；父母應該愛其子女，但也有以子女當成牛馬當成搖錢樹的；子女應該孝敬其父母，但也有人不孝敬父母的。因為人與人間，儘管有古今以來的往聖先賢，倡導「以義為朋」的君子作風，絕大多數的人們，卻仍陷於佛教所說「貪、瞋、癡」的泥沼，互相傾軋，彼此殘殺，而不能自拔！這一個家庭與別一個家庭，應該是守望相助的，但也有隔岸觀火的；同在一個國家之中的社會團體，應該都有唇亡齒寒的警惕，事實上，如西洋史上的宗教戰爭，卻曾出在同一國家與同一宗教的門下；國與國之間，如果大家沒有自私的觀念和侵略的野心，大家也就不必備戰，也就永遠沒有戰爭，可是，我們的世界，時時都在戰爭的威脅之中；至於人種的歧視，自十九世紀英國詩人吉卜林，喊出「白種人的負擔」之後（其實白種人的優越感之形成，由來已久），直到目前為止，有色人種，尤其是黑人，始終仍在接受侮辱之列！

再說，一般人的感覺，人與人間的關係，雖很繁複也很微妙，但在現實生活的接觸上，難免沒有一種孤立的情味。特別是所謂「世態炎涼」或「冷暖人間」的情狀下，更易使人體會出來。比如人在「十年寒窗無人問」的時候，固然期望有個「一舉成名天下知」的遠景，當其一到金榜掛名，位居人臣而受到各方面的奉承與恭維之際，就不難想到這個人間是多麼地勢利！因為錦上添花的人何其多，雪裡送炭的人又何其少呢？人之對其奉承與恭維，能有幾人是為了他的人或人格的崇高呢？通常人說「人在人情在」，我活著，我對人好，所以人家也對我好；我死了，我不能繼續對人好了，所以生前很好的朋友，也將很快把我忘掉。而且，有時我對人好，人也不一定就會對我好；我愛一位美麗的小姐，那位小姐不一定會愛我；我希望人能跟我一樣地做人處世，人卻不一定甚至不可能學得跟我一樣，即使親生的子女也不例外。相反地，我罵人、我打人、我搶人、我放火、我殺人、我騙人、我姦淫……，人家要回敬，要告我，要我坐牢，要我賠償，乃至要我抵命！如說人與人間不是個個對立或孤立的，我能做的事情，哪有這麼多不理想的反應？而且這些人與人間的罪惡和糾紛，正在時時處處，困擾著絕多數的人類以及人類之外的眾生。因此，除了大宗教家、大思想家和寥寥可數的聖賢豪傑之外，對於人我合一，物我一體，和佛教所說「同體大悲」的心量，一般人是很難領會也難親證的。

二、設身處地與悲天憫人

人類是善良的動物，同時又是殘酷的動物，西班牙人嗜好鬥牛，人跟牛鬥，而且逼著牛非來鬥不可，鬥得愈殘忍愈激烈，觀眾的興趣便愈濃厚；一般人之愛看武戲，愛看戰爭與打鬥的電影，也以為愈是殺得所謂天愁地慘鬼哭神嚎，愈覺得過癮！餘如人們之愛看刑場的行刑，愛看河裡的浮屍，愛看樑上的懸屍。能在這種場合一掬同情之淚，或生惻怛之心的，筆者不說沒有，但終少得有限。這是為什麼呢？人類真是殘酷嗎？真像叔本華所說「人類是毆鬥的動物」嗎？當然不，當然沒有這樣地可怕。

孟子說人之異於禽獸者幾希，無非是人有其自反的本能，人能自反，人能向外觀境，也能對境自反或自照，所以人是動物之一種，不即等於一般的動物。也就是說，人能設身處地，為對方著想。擴大而為一個國家與一個民族著想，便是革命家的精神，再擴大而為全人類著想者，便是大思想家及大宗教家的精神，更擴大而能為所有有情眾生著想者，就是佛菩薩的心懷了。不過這一設身處地的心量，只有從人的本位開始著手，所以佛說「人身難得」。就以佛陀來說，佛陀出家成佛，起因亦在設身處地地向外觀與向內照，佛當太子之時，出遊四個城門，見了病人、老人和死人，便也想到自己的身體，既跟所有的人一樣，人家會病會老會死，自己當也不能例外；如果那種病老和死的現象，一旦臨到了自己身上，該是多麼地痛苦和悲哀！因此，佛要尋求一種解脫的方法了。進一步說，因為發現人有如此的痛苦，自己是人，故也必有如此的痛苦；因為自己要想擺脫這種痛苦，凡是人，當也都希望擺脫這種痛苦；因為人類是眾生之一，凡是眾生，自亦有著同樣的痛苦和希望。到這裡，佛陀的心量已從對境自照而轉為推己及人，並且推及一切眾生的境界了。

事實上，在我們的現實生活之中，無時無地不能引發我們如孟子所說的「惻隱之心」。所謂「惻隱之心」，就是對境自照與推己及人的工夫。我們如能時時刻刻都以設身處地的態度，去衡量或體切人與人間的種種作為和活動，常常能夠提醒自己，常常反問自己，常常以「如果我是這樣」或「如果這是我的」兩句話來觀察我們的人間，我們就不難體會到，人與人間是相通相接而又融洽無間的了。

我們一般人之不能做到這樣的工夫，乃是由於現實生活與欲望的壓迫，人的心靈或性靈，常被現實問題的困擾而緊張著，所以除了自己求生存並生存得更好的欲望之外，很難把這觀念，擴大而推及我或我家之外的人與人間。有時甚至可以忘了他人或犧牲他人，來成就自己的欲望！這在佛教來說，便是眾生的「愚癡」和「顛倒」。至於人與人間的種種罪惡業障，也無一不是出在這裡。假如我們能撥開一切私心或私欲的重重雲霧，就不難見到眾生自性的青天白日。比如我想奪取他人的財寶或愛人之時，便反身自問：「如我得到財寶或愛人之後，也被他人奪去，我會怎樣呢？」我想殺人放火之時，也能反問：「如我就是我的對方，在被殺被燒之後，我不遺憾嗎？我的妻子兒女，豈不無家可歸了嗎？」再進一步，我雖無意犯法，我也無意害人，但我見了一個無依無靠而又老態龍鍾的老人家，也該問問自己：「我的父母在我家裡嗎？我能不使我的父母變成這樣嗎？我自己會老嗎？老了之後是不是也會如此呢？」當我見到一個貧病交迫的人，奄奄一息掙扎於死亡的邊緣之時，我該不該反問自己：「我會不會也有這樣的一天呢？如果這在我的身上，或在我的骨肉親友身上，我會怎麼想呢？」如能想到這裡，我對那人能不同情嗎？能不向他伸出一隻援助的手嗎？最近筆者看了一部名叫《戰爭與和平》（*War and Peace*）的影片，其中有一段故事，很可惜在這裡一用：帝俄的軍隊被拿破崙戰敗之後，傷兵源源向後方送來，但是政府的運輸工具有限，不能把傷兵繼續再向更後方送去，然而，如不繼續送走，莫斯科城陷之後，這些傷兵，只有等著被俘，等著死去！當時，在電影的女主角家裡，也正忙著搬家逃難，她見了這些傷兵的可憐相，惻隱之心，油然而生，她主張把自家車上的家具雜物通通拋下，全部改裝傷兵，為了這事，她跟她的母親辯嘴，她說：「如果哥哥和弟弟，現在也在戰爭中受了傷，我們覺得怎樣呢？」筆者看到這裡，不禁熱淚盈眶！戰爭何其殘酷，野心家們卻在到處發動戰爭。目前的世界人類，誰沒有個把骨肉親友在當兵作戰，或準備著當兵作戰呢！那麼試問：我們有沒有把所有的軍人，都看成自家的骨肉親友，或以骨肉親友的關懷，去關懷所有的軍人呢？如果有了，我們的心靈或性靈，便已衝破了私心私欲的重圍，而與全人類的人性或自性互通消息了。再如社會學家見到社會問題的嚴重性，便產生他們的學說思想，以期逐步改進社會秩序，增進人類安全；經濟學家，即如馬克思的思想理論之產生，也是在於挽救人類生活問題的倒懸，當馬克思的時代，西方正值所謂「產業革命」以後，經濟問題，特別是人工剩餘而形成勞資懸殊的問題。所以馬克思的出發點，並不太壞，甚也可說是出自一片熱愛人群的公心，只是他的看法不夠完善，所提的方法也就有問題了。差以毫釐，謬之千里，如果馬克思如今再來人世，面對著目前人類社會的現象，面對著他所留下的影響，可能也會怵目驚心的。

由於上面的例舉，我們可以明白，我們如能設身處地，將人心比己心，將自己量他人，我們的心地，便會漸漸開朗，我們的心境，也會慢慢擴大。我們不必要求人家如何如何，先問自己是否已能如何如何；我們不必專到人家身上去找毛病，先問自己是否已經沒有了他人所有的毛病；我們不必希望自己有什麼或要什麼，先看人家是不是都有同樣的要求；如果大家有這同樣的要求，事實上又不可能滿足大家的要求時，我們應該怎麼辦？因為「有飯大家吃」，不是根本辦法，那樣只能把少數人的飽，變成多數人的餓。我們為了自己和全人類的需要，只有從事於創新與發明的努力，來造福自己，也兼造福了所有的人群。所以筆者以為，凡為偉大的思想家、發明家和慈善家等，對於悲天憫人的心境，都能或多或少的有所領悟。當然，能以自性的明朗澈照，發為無極無限的大慈悲心，那是佛菩薩的境界了。

三、邁向解脫之路

佛門所標的〈四弘誓願〉，即是：「眾生無邊誓願度，煩惱無盡誓願斷，法門無量誓願學，佛道無上誓願成。」一般不解佛法的學者們，往往以為這僅是佛教徒一種虛無縹緲或好高騖遠的幻想。因為誓願無窮，奈何人生有限呀！其實，如能透過生死流轉的因果關係之後，再看〈四弘誓願〉的內容，便會發覺乃是一大落實、一大積極與一大悲憫的開端了。要成無上的佛道，須學無量的法門；要斷無盡的煩惱，須度無邊的眾生；要度無邊的眾生，仍需無量的法門；學得無量的法門，便成無上的佛道。這是一貫性的，也是連環性的。我有痛苦，可以推想他人也有痛苦；我想擺脫我的痛苦，我為我父母子女的痛苦也感到痛苦，於是也希望為我的父母子女擺脫痛苦；我在無始以來的生死之中，曾經有過不知多少萬億恆河沙數的父母子女，又不知做過多少萬億恆河沙數眾生的父母子女，層層相推，世世相襲，實在是個無邊的數字。因此，我要斷盡我的煩惱痛苦，必須發大弘願，度盡無邊的眾生。故有地藏菩薩所說「地獄未空，誓不成佛」的悲心大願，這一悲心大願，不是虛偽的口號，乃是出自菩薩的病痛。因為眾生有病痛，菩薩不能沒有病痛，要使菩薩沒有病痛，除非眾生都沒有了病痛。正像要使仁慈的母親不難過，除非闔家老小，個個能生活得快快樂樂一樣。所謂解脫，是在通過眾生的生死大海之後所顯現的一種境界，菩薩精神之能夠在生死之中而常做捨己為人的犧牲，乃是推己及人的結果，當這心量擴及一切眾生，並且願度一切眾生而救度一切眾生的時候，他的福德智慧也就慢慢開始圓滿。比如觀世音菩薩是已解脫了的眾生，但他仍在尋聲救苦，普度廣大的眾生；他在救苦救難之中，又不迷失其自由自在的本來面目。可見，我人學佛，固求超出三界眾生的生死輪迴，但要超出三界，必定還有一番艱苦跋涉的旅程，這一旅程的起點，卻在我們的人與人間。離了人與人間，我們的工夫，我們的願心，便無從著力，也無法生根了。

（一九五八年八月於新店軍中，刊於《人生》雜誌十卷八期）

走在缺陷處處的人生道上

一、人生的現實面

我人生而為人，生而為生死不已而又無能解脫生死，無從得大自在的眾生之一，這一人生境界的存在，其本身的現象及其所能產生的種種思想言行，就是一大虛妄和一大缺陷。所以在我人歷史文化的演進上，在現實的社會活動和社會組織上，隨時隨處，只要有著人類生存的所在，不論群居與獨處，人們都會存有一種「衝破現狀」的冒進意念，以及其從事於冒進的努力。雖然由於教育環境和個人修養（生活——人格知識的修養）的不同，其冒進的意念和冒進的努力，有著善、惡、美、醜、積極創造和消極頹廢（如不滿現狀或現實不能滿足他的要求而變成瘋癲，乃至自殺的人們）的種種差別，然而人們之想「衝破現狀」的基本觀念，卻是一樣的。可是不幸得很，人類自有生民以來，為了衝破現狀，為了爭取理想，經過了不知多少先民的努力，也不知努力了多少年代，時代雖然每在進步，現狀也在不斷演變，奈何人類的希望或理想，總是把人生的現實，遠遠拋在背後，使得生活於現實中的人們，永遠也追趕不上，像這種步步移動的人類歷史，和經常不能滿足要求的人生境界，豈不就是人類生存的一大悲哀！因為人生乃至一切萬物的存在，就是一大虛妄和一大缺陷，我人以虛妄不實的人生和缺陷處處的身心，去追求理想，創造理想，理想也就成了虛妄和缺陷，這種虛妄和缺陷的理想，即或有其完全變成事實的一天，但因它是虛妄而不是究竟，是缺陷而不是圓成，人類的生存，也就永遠站在各個歷史的立足點上，看理想之山的遠景，卻永遠是停留在「站在此山看彼山高」的現實之中，究竟要到什麼時候，才是最後最高境界的實現，卻是一個不可知的無限期和無窮遠了！

由此可見，我人雖自覺實實在在、清清楚楚、明明白白地生存在各自的現實之中，但是，試問：我們的存在是存在於什麼之上或什麼之下呢？我們到底抓住了一些什麼東西做為人類努力的最終目標？即使他是大哲學家，也是無從解答，因為古人發明的真理，到現在已有些變成了不是最高的真理。那麼，我們看古人如此，後人之看我們，又何嘗不然？所以莊子要說：「吾生也有涯，而知也無涯，以有涯隨無涯，殆已。已而為知者，殆而已矣。」正因為莊子的慧力，不能窮究宇宙界和人生界的一切事物而加以認識辨別和解答，所以他說「知也無涯」，以為用我人短短而極為有限的生命，要懂得一切的事物，根本是不可能的事，否則的話只有強不知以為知的病害而已。為什麼呢？因為莊子雖是中國思想史上一位傑出的大思想家，但他依舊還是一個人。所以莊子還有這樣的一段話：「一受其成形，不亡以待盡，與物相刃相靡，其行盡如馳，而莫之能止，不亦悲乎？終身役役，而不見其成功；苶然疲役，而不知其所歸。可不哀邪！人謂之不死，奚益？其形化，其心與之然，可不謂大哀乎？人之生也，固若是芒乎？其我獨芒，而人亦有不芒者乎？」這一段話說得非常哀痛，是一種不知生前，尤其是我人非死不可而又不知死後的哀痛！可知人生是一大虛妄一大缺陷，也是一大無知，請我們各自反問：我對我們地球所處的太空世界的天文知識，懂了多少？恐怕即使你是當今權威的天文學家，也會覺得對於天體的知識，幼稚得非常可憐！我對我所生存的地球，認識了多少？對人類整個的歷史文化，知道了多少？對民族和國家，明白了多少？對社會環境，清楚了多少？對父母子女和親戚朋友，了解了多少？乃至我對自己的優點和缺點、美德和罪惡，又覺察了多少？至於我人的生前和死後，自不必說了。單問這些，我們就可發現自己的所知，幾乎即等於無知了！所以聖人而如中國的孔子，還要「入太廟每事問」，以為「三人行必有我師」而主張「不恥下問」，正因自知無知，才能虛懷若谷地去「敏而好學」，可是，人總是人，所謂學到老學不了，人之學與不學，只是小無知與大無知，小缺陷與大缺陷之別，缺陷終究還是缺陷。

二、佛教的人生觀

然而，人生之可貴與人生之莊嚴，竟又全部表現在這一自知無知的自知缺陷，而來力求充實和彌補的精神之上，由此，人類的歷史才有進化，由漸次的進化而形成人類的文化和文明，例如筆者之能著手於這篇文字的寫作，也是出於這一缺陷的迫促，雖然筆者自己便是一個缺陷的存在。因為自知缺陷，而來力求彌補缺陷，總比不來彌補的好，不過有的人的彌補方法是自我安慰的自圓其說，好像掩耳盜鈴或鴕鳥的心理一樣，只要把耳朵塞起來，將腦袋悶下去，就覺得安全自在了（如西方的宗教徒）。有的人的彌補方法是以缺陷的本身去補充缺陷（如世間的大思想家和大科學家）。有的人卻是叫人以擺脫缺陷而來彌補缺陷，實際上，也只有完全擺脫了缺陷，才是真正的沒有缺陷，因為人生就是一大缺陷，所以只有超出了生死界限，才有達到真正圓滿的希望，那麼，釋迦世尊說法四十餘年，就是說的教人超出人生生死界限的種種方法了。

同時，正因為佛教的思想，是叫我人超脫人生生死的大缺陷網或大虛妄海，所以就引起了許多思想家的非難和指責，以為佛教要人擺脫人生生死的現實狀態，而去追求一個不生不死的涅槃境界，無疑是表明了佛教的人生觀，是厭世消極而逃避現實不敢面對現實的一種思想，例如近世的實驗主義哲學家威廉・詹姆士（William James，西元一八四二——一九一〇年），就曾這樣批評過佛教：「佛家的涅槃其實只不過免去了塵世的無窮冒險。那些印度人，那些佛教徒，其實只是一班懦夫，他們怕經驗，怕生活。……他們聽見了多元的淑世主義，牙齒都打戰了，胸口的心也駭得冰冷了。」（《實驗主義》二九一—二九三頁）他又說出他自己的主張：「我嗎？我是願意承認這個世界是真正危險的，是須要冒險的；我決不退縮，我決不說『我不幹了。』」（《實驗主義》二九六頁）關於這一點，我們不必說是詹姆士的無知或武斷，只因為他是十九世紀末葉、二十世紀初期的美國人，他對於佛教的陌生，是因佛教的思想文化，在西方世界中的傳播，尚在萌芽期間。所以詹姆士的曲解佛教，我們不必訶責，我們只希望詹姆士的學生以及他們的同路人，本著探求真理的宗旨，對於佛教的思想來細心研究一番。比如佛教既然消極逃世，釋迦牟尼在成佛之後，為什麼不立即進入涅槃，而要苦口婆心，往返跋涉地說法度眾？佛教既然是厭世而又不敢面對現實和正視現實的，佛教中的諸佛菩薩，怎麼又有「我不入地獄誰入地獄」的悲心大願？這一悲心大願，又何止是一般所謂冒險的精神所能相比相望？因為佛教雖然主張出世，但其出世的方法，卻在入世，唯有入世最深，而且是做縱橫面地一往深入，才會穿過世間，冒出世間的界限，而進入出世的境界。如果說世間是一個大球體，那麼佛教的出世，並不是我人站在一個空間的立足點上，單獨直升而像直升噴射機樣地向上飛騰，乃是叫人深入球體的每一個部分，穿透了球體，先能在球體之中做大活動和大開墾，而達到了遊刃有餘的程度之後，才是超出世間或人生生死的時候（請參閱〈人心的安頓和自性的超脫〉一文）。可見，我人要成佛，要得大自在、大解脫、大究竟、大圓滿——大實在和大滿足，並不是一朝一夕的事。奈何，一般學人之不能對於佛教做深入的研究，只在表面上以各自的見解和心量來看佛教，曲解與誤解，實屬難免！即連一些自命為學佛修行的佛教徒們，也難免沒有這一可能。

三、救世的思想家

為了人類的現實問題，層出不窮地困擾著整個的人類生活，故在「衝破現狀」的意念之下，給我們人類的歷史，激出了許多傑出的思想家——宗教家、哲學家、科學家、政治家……。他們都能本著扶傾濟危、解困救厄的心意，為人類的病痛和人類社會的病態，開出了各自所以為對症下藥的方案。這一種心懷，站在人生求出路求落實的觀點上說，都是值得讚美，也值得慶幸的。如果不是這樣的話，我們當今的社會情狀，能不能和其他類別的動物世界有些什麼兩樣或高尚，實在是個很大的問題！可是，歷史慢慢久遠了，思想家漸漸增多了，他們各自為人生開出的方案或出路，也跟著增多了。這些種種的方案和出路，擺在人類大眾的面前，正像將一大盤品質、色彩、大小、形狀各各不同的糖果擺在一群初初進入幼稚園的小朋友面前，琳瑯滿目，蔚為人類文化的壯觀鏡頭。使得絕大多數的人們，真不知道何去何從，看起來樣樣都有它的道理，好像每一粒糖，都會使得小朋友產生出來甜的感覺，即使是裹著糖衣的毒藥，然在沒有中毒死亡之前，根本辨別不出它會叫人中毒。為什麼呢？豈不是因了人類的無知？孔子說：「民可使由之，不可使知之。」孫中山先生主張「知難行易」，絕大多數的人們，確實如此，即使被歷史公認為先知先覺的人物，又何嘗超出了這一「不知所從」的心理現象，任便他們已為人生問題開出了若干個似是而非的出路，但有更多更多的問題，他們仍然覺得莫名其妙！因為人的本身就是一個大缺陷，要從大缺陷中覓取大滿足，根本是不可能的事！

儘管擺在人類面前的是一個大無限的大缺陷，但是人類的意志，總是不會放棄了覓取一個大滿足的希望和努力，這也就是人類之所以能夠繁榮綿延而不亡族滅種的主要原因，因為大家都希望生存，且還要求生存得更安全更美滿和更有意義，憑著這一要求生存的意志，才造成了人類的世界和人類的歷史，所以中山先生的歷史觀，是著重在「生」的一個意義之上，而被稱為「唯生史觀」或「民生史觀」。可是不幸得很，在這一個要求生存而又要求滿足的情形之下，人類的文化固然在逐漸昇華了，同時人類的安全問題，也愈來愈嚴重了，因為「求滿足」的欲望，迫使人們發狂，引起一些喪心病狂者的搶劫侵略和奴役。直到目前為止，在每一個國家政府或社會體系之中，雖各有其法律制度，維護著各該單元中的每一分子的權益和安全。然而，放眼看去，如今國際社會的激烈競爭，豈不正在準備隨時拿出核子武器來，毀滅我們的人類世界嗎？這一戰爭的威脅，比起洪水猛獸對於我們原始祖先的威脅，豈不更為嚴重！更為可怕！

這一空前的威脅固然可怕，但其威脅的原始意識或原動力之產生的當初，又未嘗不是為了增進人類的幸福和拯救人類的苦難，比如共產主義之產生，在馬克思的當時，因為他自己窮，受了窮困的壓迫，並且又同情西方世界產業革命後的勞工生活，工資之低，工作時間之長，工人生活之毫無保障，特別是童工的慘狀。馬克思想要衝破這一不合理的現象，才產生了他的階級意識的共產思想，想不到他的這一思想，竟會引起了當代思潮的重大變化！又如基督教的產生，是因為以色列的民族英雄摩西，為了要使他的民族脫離埃及的奴役，才假借一個叫作耶和華的民族保護神，做為民族運動的號召，而使流亡在埃及的以色列人民一致團結起來，逃出了埃及王的權力統治。這個出發點，未始不是可歌可泣的壯舉，然而他以宗教的迷信而大肆屠殺埃及的臣民（如《舊約．出埃及記》所載），卻是這一壯舉的反動了。及至耶穌出世，根據猶太教而創立基督教以後，耶穌本人，固為猶太教所迫害，而在基督教抬頭之後，竟又反過來數次狠狠地屠殺了猶太教徒。同信一個上帝，同是一個上帝（是基督教的說法）所創造的兒女，彼此殘殺，竟會如此之慘！

正因為大家都有缺陷，所以大家都想求滿足、求發展，而又不能溝通彼此的願望，共同協力，來向一個目標邁進，所以才有人與人間的紛爭，才無法求得一個永久的和平。人類世界的思想太多了，每一種思想都代表著一種渴望求其實踐（不一定就能實現）的主義，同時也可能潛在著一種給予人類的危機。人是一個缺陷，缺陷創出的缺陷，那麼缺陷的本身，就是一個危機——

假如當在發覺危機尚未成熟之前，而不能予以及時改進或避免的話。譬如美國獨立之後而影響成功的法國大革命，是歐洲史上一件值得大書特書的壯舉，爭自由，爭平等，講博愛，可是因誤用自由平等，而死在自由平等之中的人又不知多少，有名的羅蘭夫人，便是因此犧牲而成名！餘如林肯解放黑奴，終死於黑人之手；甘地為印度獨立而努力了一輩子，臨了竟被他自己的同胞刺殺！因為有了缺陷的人，一方面想自求滿足，另一方面又不能發現一個或一樣足可滿足自己要求的人物，事實上也的確沒有一樣東西，能夠真正地來滿足任何人的所有要求。所以歷史上的聖賢，也不能沒有如此的遭遇，如佛教的釋迦世尊，他的法身固屬滿覺圓通的無漏境界，可是佛的人身仍為有漏，釋迦世尊也會如常人一樣的便溺，也會衰老死去，也會頭痛，也有人對他不滿與憤恨，而想加害於他；中國的孔子，他自稱：「若聖與仁，則吾豈敢」，故在孫叔、武叔看來，孔子還不及他的學生子貢來得賢明；耶穌對基督教徒而言，是極為神聖崇高，但當耶穌受難遇害時，被行刑者置於兩個強盜中間，而且加以輕言戲笑與侮辱。

因此，任便世間代代有人歌頌完人聖人，和追求那些完人和聖人的境界，但是人人只能自許為嚮往聖賢的聖賢之徒，而不得自稱其本身就是聖賢。有人以為「聖域無止境」，因此而有儒家所說：「雖不能至，心嚮往之」的安慰話來。

如果要把現有的一切思想（包括宗教思想），擺在「圓成」或「圓滿」的天秤上衡量一下，依照筆者的看法，除了佛教的思想能夠勝任之外，實在沒有一個撐得起來。雖然佛教的思想，在時代的眼光中，仍然需要做一番凝聚和開發的工作，亦如在佛滅之後約五百年的光景，印度之有龍樹（Nāgārjuna）、馬鳴（Aśvaghosa）及天親（Vasubandhu）、無著（Asaṅga）等之對於佛教思想的再肯定與再發明。但是佛教基本思想的穩固性質和究竟價值，是歷久常新的。佛教不必乞靈於任何的神祕和權力，仍能解答任何一切的問題，猶可圓融無礙。佛法是從佛的大覺智海之中流露出來，所以能夠圓融無礙，對宇宙界的自然現象，對人生界的倫理關係，不偏不廢，也不執不著。最大的發現是「緣生論」的物理觀和生命觀，一切的一切，在佛法的眼中看來，毫無神祕可言，無論什麼事物，只要它的因素夠了，便會形成它的結果，那是必然的而非偶然的。同時，佛教的最後境界是圓成，圓成的畢竟觀念，卻是無形無相而又如

《圓覺經》所說「圓裹三世，一切平等，清淨不動」的。實際上，我人也唯有完全放棄了現有的身心境界，和身心所處的境界，才是徹頭徹尾抛開了人生的缺陷，而邁入圓融無礙的境界。這一境界在人們粗看起來，似乎是逃世的。然而筆者在前面說過：「唯有入世最深，而且是作縱橫面的一往深入，才會穿過世間，冒出世間的界限，而進入出世的境界。」由此可見，為了真正的滿足，就不得不設法抛掉現實的缺陷，抛掉缺陷，便即抛掉人生，要抛掉人生，又不得不先來肯定了人生，深入人生而期通過人生，再超出人生。所以佛法的宗旨在教人出世，而出世的方法，則在教人更為積極地入世了。

四、東西方各說各話

佛教以外的其他思想，沒有一種是能夠徹上徹下圓通無礙的，不是出於武斷，便是訴諸神祕，最開通的思想也不能不有所存疑。其中除了如唯物思想之絕對武斷之外，還有一個共通的特性：相信創造主或自然神的存在。西方的宗教家或基督教的經院派哲學家，固然相信有個上帝創造了萬物，也主宰著萬物。即使自古代希臘的蘇格拉底到今日英國的羅素為止，他們的心中，也各有各的上帝的觀念，雖然他們是泛神論或是接近於泛神論的有神論者。如泛神論的代表，斯賓諾莎的上帝，並不同於基督教的上帝之能生殺予奪，而是一個只能自愛和被愛的上帝，上帝既無法愛人，人也不可以愛上帝而希望上帝也應該來愛他做為報酬。泛神論者的上帝，是大自然的代表意義，因為他們識不透大自然的奧妙，自身又處在這個大自然之中，所以把大自然神格化了起來。又因為明明知道大自然的對於人類意志雖有阻礙之處，卻不會絕對主宰，尤其西方人的思想中（非基督教思想）以為人類是可以慢慢征服自然的（故有種種科學的努力和成就），人類前途的命運好壞，全看人類自己的努力改進與否而定，所以不能承認上帝有任何的權威作用。再說我們的中國，中國的孔子，是一位人文主義的大思想家，他除了人生社會的倫理問題，絕少談到人生以外的形而上學。所以孔子要「不語怪力亂神」，要說「未能事人，焉能事鬼」；他對於生前死後的問題，總是存而不論的。孔子雖主張「慎終追遠」，但其追思的意義並不代表他承認人死之後還有靈魂，只是給死者的恭敬及予生者的安慰。所以他對祭神的觀念也是「祭神如神在」的，而不是肯定真有神的存在。原因在他所以為的「未知生，焉知死」的存疑觀點之上。可是孔子對於天與命的觀念，又特別重視，我們在《論語》中可以看到好些有關天命的記載，例如「五十而知天命」，「君子有三畏：畏天命，畏大人，畏聖人之言」；「不知命，無以為君子」，「死生有命，富貴在天」，「子罕言利，與命與仁」，「命矣夫，斯人也，而有斯疾也」。又有單講到天字的，如孔子去見了衛靈公的夫人南子，而子路不高興，孔子便發誓說：「予所否者，天厭之，天厭之！」又有「天生德於予，桓魋其如予何？」「文王既沒，文不在茲乎？天之將喪斯文也，後死者不得與於斯文也，天之未喪斯文也。匡人其如予何？」「顏淵死，子曰：噫！天喪予，天喪予！」「子曰：天何言哉？四時行焉，百物生焉，天何言哉？」我們看了這些語句，可以明白，孔子的天與命，有點類似於西方哲學中的泛神觀念，孔子的思想，一方面積極努力人生的奮鬥，而不仰鬼神之助，另一方面孔子又因本身的無知（人生的缺陷），面對著宇宙和生命的無限，太多太多的問題，無法從他的知識經驗中得到答案，所以又不得不提出一個天和命的觀念，做為無可奈何的心理安慰，孔子以「天」、「命」、「仁」看同一體的數面，所以到了《中庸》上的一開頭，就說：「天命之謂性，率性之謂道，修道之謂教，道也者，不可須臾離也。」既然說天命即是性，而人性本善，善即近仁，能仁便可盡性。那麼，儒家所講的天命或天道，就是宇宙萬物的本然或本體了，所謂「知命」，也只是知道順應著宇宙萬物的本然之本性，去生存活動罷了，說簡單一些，知命便是聽從我人的自性發展而去發展。可見這是近似泛神論的一種觀念，因為泛神論以為宇宙萬物都是上帝的一部分，儒家則以為天是萬物的本性，人性是本性的一部分，同時也可將此一部分之人性，融入於整個的本性之中，這就叫作盡性。從這一點，我們可以知道哲學家和中國儒家的上帝，絕不是基督教的上帝，基督教雖然經過中古時代許多教士的努力，在亞里斯多德及柏拉圖等的思想中借用了若干哲學理論，形成了基督教的神學，可是若將基督教的上帝拿來放在哲學的面前，就無法站得住腳了。

至於佛教，筆者於二年以前，也以為佛教是泛神論的，其實那是筆者的無知與武斷，佛教雖有近似泛神論之處，但卻竟是徹底的無神論者。因在佛教的觀念中，宇宙萬物——諸法萬有，是平等自如，而又自如不動的，所謂法性法爾，佛陀不以為他的說法是創造，也不承認有任何東西可來創造什麼東西，這一點是不同於基督教的，所以稱無神；佛教不以為宇宙之中還有一個什麼真正本體的存在，也不以為我人僅是宇宙中的一部分，這是不同於泛神論的，故而仍屬無神。可是，泛神論以為我人可以化於無限的宇宙之中，也能成為無限；佛教的佛性，我人到達成佛之時，佛性也是遍滿一切，如來如去，無所不在的，這一點，又像泛神論了。佛性是人人都有的，成佛是個別成佛的，成佛之後，又是各各有其名號國土的，成佛是眾生各個自性的昇華，昇華之後，雖能融入法界的無限之中，仍可有其個別獨立的價值，這與泛神論者以為的一融入無限，便消失於無限之中，而不復再有個別獨立的價值可言，又不同了。可見佛教是近於泛神論而是無神論的。

在這裡，筆者希望順便說一說宗教間之神與神的分別，以茲澄清一下我人對於神的觀念。粗看起來，無論是一神論或無神論的宗教，都有多神論的嫌疑。比如基督教是眾所周知的一神宗教，可是在基督教的觀念中，並不以為除了他們的上帝以外，不再有任何神明了，不過基督教以為除了他們的上帝之外，其他的神明都是惡魔罷了。再說佛教，不主張有個創造主或主宰神，所以是無神。然而，我們在佛經裡面，又可看到許許多多的神名神號，故而佛教徒絕不可說佛教是不講神的，其關鍵所在，只是佛教的神是三界之中眾生界裡的一種類別，不像基督教所說的創造神，同時也不如基督教所說的惡魔而已。佛教之中雖也有魔鬼的名稱，不過佛教的魔與鬼，絕不會如基督教所說的魔鬼那樣，永遠是魔鬼，永遠沒有轉變的機會，也將永遠要被上帝扔在煉獄中受苦。佛教所說的魔與鬼是有希望超生，也有希望成佛的。佛教之偉大處，亦正在此，既不強調神祕的權威，也不敵視任何一個眾生。在此，筆者還要加以說明：佛教的無神，絕不相同於中國史上如范縝、司馬光等所主張的無神，也不同於今日共產黨徒所說的無神。他們的無神，是不相信除了物理的自然行動之外，還有精神或靈魂的存在，佛教的無神，只是不承認宇宙萬物尚還有個創造主或主宰神的存在，所以此無神不是彼無神。

現在，我們可以檢討一下上面所說的幾種思想，究竟哪種比較落實可靠？首先我們不要忘了，人生就是一大缺陷，從缺陷中開發出來的思想，雖也可以彌補一部分缺陷，但是缺陷之中，必然含有危險的成分。基督教的思想，乃是鴕鳥型的，為了困惱於現實的痛苦，便夢想一個上帝的天國，他們對於解除人類痛苦的意見，不是開發人生的價值或改善現實的社會，而是把一切的希望都寄託在天國裡，以為受洗了的基督徒，死後可望逃避痛苦而進入天國。事實上，我們雖可不妨承認有個天國的存在，然而不靠自己的努力，單憑一次受洗而想得到上帝的赦罪和拯救，在理智上似乎是無法解答的，正如人之犯罪，不去將功贖罪，只憑人事關係，就可變成無罪，在制度上軌道的社會裡是不會產生的。如說那是一種信仰的精神安慰，那麼它與鴕鳥之將腦袋埋進土裡，就以為牠的生命有了安全的想法，又有什麼不同！也許基督徒們對於這一判斷要提出抗議，他們總以為耶穌即是上帝的道成肉身，耶穌是究竟圓滿的人，不可能有缺陷，耶穌的話也不會有缺陷。那麼筆者希望抄錄一段耶穌死時的記載：「釘他在十字架上……他們又把兩個強盜和他同釘十字架，一個在右邊，一個在左邊。……祭司長和文士也這樣戲弄他，彼此說：他救了別人，不能救自己……耶穌大聲喊著說：我的上帝，我的上帝，為什麼離棄我？」這段話見於《新約》的《馬可》及《馬太》兩福音中，我們看了以後，除對耶穌之被釘十字架而感到悲愴和同情之外，又可證明耶穌本人並非即是上帝的道成肉身，否則當其臨難之時怎會又叫上帝而且表示上帝已經離棄了他？可見耶穌其人並非毫無缺陷，如無缺陷，則其絕對不會對於遇難而感到恐懼。

西方正統的哲學思想——是指由古希臘沿革發展下來的哲學思想。我們談到西方文化思想，便很容易聯想到了科學問題，不過科學一詞，通常被哲學家們看成哲學的分門別類，所以科學是出自哲學的子體，哲學才是科學的母體，如談西方的哲學思想，自也包括了西方的科學思想。但是不幸得很，西方哲學主張人類可能征服自然，到達這一傾向的強弩之末，人類便開始物化了，人要利用萬物，人也被看成了萬物之一而來當作物件利用。如美國的現狀，他們忙著賺錢，也忙著花錢；他們在工作時固然緊張，在娛樂時也不例外，可以說美國人的日常生活，都是在極其緊張和高壓的氣氛中度過來的，像這樣的生活情態，能夠維持多久而不發生血管爆破的中風絕症，實在很難想像！其中的危機，是在人類要以缺陷來補充缺陷，以缺陷的人類作為而想滿足缺陷的人類生活，愈補愈覺不滿，愈不滿愈感缺陷，到最後，就難免會像不會調琴的人把琴弦愈調愈緊，緊到不能再緊之時，弦線也就斷了！因此，到目前為止，已有許多西方人在嚮往東方人的生活情調了。

那麼，我們的東方，究竟又如何了呢？東方有兩股思想主流，一是中國儒家的，一是印度佛教的，在中國還有一股道家思想的旁流（西周諸家的思想，除儒、道二家之外，無大歷史的影響，故不談）。

我們先說儒家的思想，儒家的思想對於中國人而成為中國人的造型上面，貢獻很大，尤其中華民族雖經幾千年的歷史，在內憂外患的消長變亂之中，仍然屹然立足於世界之上，儒家之功不可埋沒。可是儒家的思想，雖著重現實的人生，而開出積極進取的一面，奈因人類的本身就是個缺陷，儒家所開出的精神，自也不能沒有它的缺陷，便是因為受了知識範圍的束縛，只能教人應該積極進取，應該勇往直前，應該成仁取義，但卻不能進一步地說出為什麼要應該？應該了是如何？不去應該，又是怎樣？說得明白一些，儒家的思想是很現實的，但在這個現實的兩頭——生前與死後，來處與去路，卻無法得到交代。從大體上說，儒家的人生歸宿，是寄託在所謂「大我」——自己的、自己民族的，乃至整個人類的後代子孫身上。也就是希望把自己這個曾經存在的生命，向後代子孫身上去凝聚或團結。所以孔子要說：「君子疾沒世，而名不稱焉。」一所謂「三代以下，唯恐不好名」，孔子雖不想於在生之時去沽名釣譽，但在死後，卻以為如不稱名於後世，就不能算是一個君子。孔子為什麼會有這種思想？因為他的安慰處，就在這裡，如果連這點安慰也沒有，豈不覺得如此的人生太空虛也太無聊呢！孔子未能透過人生生死的界限，來替人生開出一條更為積極的路向，所以只能希望人做聖賢而不能進一步使人非做聖賢不可；不做聖賢而做小人，孔子只能說他朽木不可雕，卻無法指出成了朽木的人會有怎樣的後果？同時，孔子主張將安慰寄託於後代子孫的身上，中國人的腦海裡也因此而形成了一種並不太好的觀念：把自己的財勢遺留給自己的兒孫，希望自己的子子孫孫都能因了自己所遺的財勢而安富尊榮；為了顧全其子子孫孫的生活問題，便不得不去想盡辦法，增長自己的財勢（這一思想在西方人的觀念中，並非沒有，但總沒有中國之甚且深）。可是，歷史的事實告訴我們，秦始皇希望他的萬代子孫都做皇帝，然到二世胡亥，秦的統治就完了；還有其他的開國君主，往往於大功告成之後，大殺功臣以鞏固他們王朝的命運，但卻從未有過一個永不凋謝的王朝！其實，我是人，我的兒孫也該是人，那麼我能找到生活的依靠，我的兒孫豈不也有同樣的可能？如果兒孫皆靠祖上的遺產生活，我們的社會也就少了若干人的生產而多了若干人的消費，這種現象實在不是一個健康的社會所該有的，中國社會之不及西方國家，原因誠然很多，這一觀念之為害，似也正是其中的原因之一。但是，我們能怪孔子嗎？孔子也是出自他的無可奈何啊！同時，我們也不能忽略，中國是農業社會，農業社會則宜於大家族制的發展，這一自然形成的制度，又是基於倫理的觀念之上，儒家之倡五倫，對於中國社會的安定之功，實在很大，不過一到後來，由五倫而僅重父子一倫（也是片面的）之後，社會風氣也就失去了重心，於此可見，世間之學說，有其利必能成其弊了。

再說中國思想的旁流——道家。道家的思想，在積極方面講，它給了中國人一種生活的藝術，那就是教人養成一種怡然自得和隨遇而安的心境。近人錢穆先生說：莊子的理想人生是要人各自約限於自己的分際之內，不必再有所嚮往。郭象（其對註解《莊子》的功勞很大）說得更好：「苟各足於其性，則秋豪不獨小其小，而太山不獨大其大矣。……無小無大，無壽無夭。是以蟪蛄不羨大椿，而欣然自得，斥鷃不貴天池，而榮願以足。苟足於天然，而安其性命，故雖天地未足為壽，而與我並生；萬物未足為異，而與我同得。則天地之生又何不並，萬物之得又何不一哉？」這段話的意思是在教人知足和滿足。教人不要向外追求，只要朝內稟性，性滿性足雖小亦足，若性有所虧則雖大亦缺。這與儒家所說的「知命」，似有相通之處，使得人生的努力和理想，有個緩衝的餘地。可是道家在消極方面，給予中國人的遺毒，也著實不淺，如莊子說：「為善無近名，為惡無近刑。緣督以為經。可以保身，可以全生；可以養親，可以盡年。」像這樣的態度，簡直是個鄉愿了。《莊子》上又有一段很美的文章：「平易恬淡，則憂患不能入，邪氣不能襲，故其德全而神不虧。故曰：聖人之生也天行，其死也物化；靜而與陰同德，動而與陽同波；不為福先，不為禍始，感而後應，迫而後動，不得已而後起。……其寢不夢，其覺無憂，其神純粹，其魂不罷。虛無恬淡，乃合天德。」像這樣的人生境界，的確恬淡地可愛，可是，人之更可愛處，是在力求向上的意志，我們在這一段文字之中，卻找不出一點主動進取的意義。在這種思想的潛移默化之下，就養成了「得過且過」與「滿不在乎」的苟安心理和頹廢意識，如說莊子的思想也能給予人一種努力的目標的話，那該是他所說的至人或神人了：「肌膚若冰雪，綽約若處子，不食五穀，吸風飲露。乘雲氣，御飛龍，而遊乎四海之外。」但是，中國人的隱遁深山不問人世間事的思想，就從這裡來的，辟穀燒丹和養氣長生的古怪行為與古怪風尚，也是來自這裡。事實上，這是莊子的一個理想境界而已，莊子希望人能「合天德」、「天守全」，之後可以「潛行不窒，蹈火不熱，行乎萬物之上而不慄」。可是，莊子的理想儘管好，而莊子本人，卻並不就是到了這一境界的人，他說真人是「不知說生，不知惡死」的，然當他喪妻之時，竟又哀慼而無法自制了。可見莊子還是一個活潑生動的凡人，而不是他所說的神人或真人了。莊子既然是人，人就不能沒有缺陷，所以我們對於莊子的看法，除了同情他的可愛處，卻不必痛斥他的消極點，這是人生共通的憂患啊！

道家的另一思想——老子給予中國人的消極心理，也很不淺，比如老子根據「物極必反」和「否極泰來」的原則，主張：「知其雄，守其雌。」「知其白，守其黑。」「知其榮，守其辱。」主張：「曲則全，枉則直，窪則盈，敝則新，少則得，多則惑。」老子總以物理的眼光看宇宙萬物之生滅變幻，總以為物壯則老，老則衰，衰則敗，敗之極又復為生而壯而老。所以叫人要守物勢相反的一端，待機而取，因而近人錢穆先生要說老子是個精於打算的機會主義者。可是老子服膺他自己的思想，也許能夠做到「道常無為，而無不為」的地步，一般的人卻不能了，卻只知守於劣勢的現狀下，等待優勢機會的來臨，而不知憑其自己的力量去迎接機會和開發機會了。這對中國人的創造意識，實在是個很大的洩氣洞。尤其老子只看到了物理循迴的原則，卻沒有認識精神動向的特質，因為物理界的現象，固屬生住異滅、滅生住異地交錯流轉不已，精神則並不盡然，精神可以有週期的變動，也可以有一直向上的昇華，而且只有一直向上而達於無極無限的圓成大覺，才是人類精神的最大特性和可貴之處。我們舉個很淺的例子，人漸漸老了，生理各部的機能，也漸漸衰弱，漸漸不堪負荷了，這是證明物壯則老的原則沒有錯，可是有些人的思想，卻不會因為人的衰老而衰老的，相反地，多數的大思想家，愈到他們的晚年，他們的思想則愈發成熟，對於人類的貢獻也愈加偉大。

人之有老死，不是精神的老死，乃是物體生理的衰敗，精神（在佛教稱為識或如來藏）雖因生理的衰敗而離開軀體，但是軀體之死並非即是精神之死，以照佛教的觀念，人死之後，人的精神仍然有其應有的歸依或投靠。不過這些道理，絕對不是老子的思想所能明白。所以我們只能討論老子的缺陷，卻不必臭罵老子的缺陷。

五、小結

以上所舉各種思想的缺陷，並非筆者對於那些思想的攻擊，而是藉此證明人生的缺陷，由缺陷的人生開發出來的思想，也就不能沒有缺陷。就以佛教來說，佛陀的境界當然不會有缺陷，由佛陀的境界，用嘴巴說出來成了語文名相，因為世間的語文名相，是由人起，人有缺陷，人類的語文名相就有缺陷，以有了缺陷的語文名相來表達佛陀的境界，所表達的東西也就不能沒有一些缺陷了。因有這個緣故，東方人雖多信佛，信佛者又不能沒有弊病，因為各人心中所有對於佛的印象和憧憬，絕對不是真正佛陀的境界，佛的境界，只有佛與佛間，才能知道，我人知道的佛，只是一種幻象而已！我人本著佛的種種言教去信佛學佛，也只是一些方便法門罷了。

但是我們應該明白，佛教之不同於其他的思想而又超出於其他的思想之上者，正是因為佛教的思想，能夠直下承當，和當下指明世法之虛妄不實；更可承認，如佛法而著於世法之中，佛法也是虛妄不實。

（一九五八年十二月於新店，刊於《海潮音》雜誌四十卷一及二期）

再談走在缺陷處處的人生道上

一、人類的通性

對於現實的不滿意或不滿足，乃是人之常情，甚至乃是人之通性，人類之有進化，之有文明，之有歷史，全在這一不滿的要求和情緒下所產生；人類的先民，自穴居野處的原始——跟獸類相同而也近乎野獸的生活，到所謂「鑽木取火」（這是中國的神話，但也確能代表人類進化史上的一個階段，而且還是一個偉大的階段），而利用了火，由用木柴取火而到發掘地層下的煤油、煤炭做為燃料，又是一個漫長的階段，及至今日以煤炭發電、水力發電，而到以原子能發電生熱，做為大時代中一切大小工業的原動力。這些一直向前進步的現象，如果不是人類對其所處現狀的不滿，那是產生不了的。即如今日美國與蘇聯的太空計畫火箭發射的競爭，也在這一不滿的情緒中產生，蘇聯共產黨徒不滿意目前已有的成就，要想控制全世界的所有土地和人民，所以不能不在武器的發明上求其領先美國，美國為了自身的安全，又不能不接受蘇聯在科學武器上的挑戰，既接受挑戰，便不能不求滿足於現有的科學成就而從事於馬拉松式的競賽。我們的歷史就在這樣緊張競爭的氣氛中寫下來，也將繼續如此地寫下去；我們的祖先，一代一代地生於緊張競爭之中，長於緊張競爭之中，也老死於緊張競爭之中，我們的後代子孫，當也不會越出這一自然律則的範圍。這是可喜的，但也是可悲的。不滿現狀，致使人類的世界更繁榮更美麗，人類的生活更富有更舒適，人類的文化也將更接近更融通，可望出現一個所謂「大同」的局面，所以可喜。由於人之不滿現實，產生種種要求或欲望，人的要求之中，或有滿足的時候與滿足的部分，例如人要吃飯，吃飽之後便是滿足之時，但這滿足，絕對不能一次滿足便成永遠滿足，所以這是暫時的滿足；且吃飯雖能使得全身受用，卻不能說因為胃部的滿足，連其他的眼、耳、鼻、身（包括四肢）都感到滿足。正因如此，人類的要求，永遠也不可能達到一個經濟學上所說的邊際效用的境地。所謂欲無止境，如果說一個欲望便是一把火炬，那麼火炬可以照明，可以寄人於生命的希望或未來的遠景。但如火炬多了，一個要求變成一把火炬，無量無數沒有止境的要求，變成了無量無數沒有止境的火炬，重重層層將我人圍在其中，我人豈不要被熊熊的烈火燒成焦炭？正像孫悟空經過火焰山，憑他從八卦爐裡煉出來的身體，也給燒得好看！事實上，人類之中的絕對多數，都在這種火焰山似的欲望之海中生存，也在其中昏沉，從生到死。從呱呱墜地之後，要求奶吃，要求父母之撫愛，要求長大，要求異性，要求事業，要求金錢，要求榮譽，要求權力，要求兒女，要求晚景的安樂，乃至要求死時的哀榮和死後的所謂「流芳千古」。人會餓，所以要吃，而且要吃得飽吃得好，乃至希望能永遠吃得飽，永遠吃得好；人會怕熱，也會怕冷和怕受意外的損失，所以要求房子住，要求衣服穿，而且希望住得舒適愉快和精美華麗，穿得舒適愉快和精美華麗，乃至希望永遠如此，永遠向上向好地發展下去；人會行動，所以要走路，要求走得更快更舒適和更安全；人會感到空虛和寂寞，所以要求伴侶，要求異性，而且要求漂亮多情又加溫柔的異性伴侶；進一步則要求權力和名位來滿足自己的空虛和寂寞；人會……所以……。因為人們會老會死，所以又得要求死後的不朽，於是天人合一的觀念出現了，上帝之國的宗教也出現了（事實上凡有要求，便不會滿足的）。人們就在這種一個接著一個，一個包著一個，又各各通連著無數個的欲望中討生活，始終沒有一個空閒的機會，來給自己輕鬆地休息一番（這一休息，當指無念無作的解脫自在而言）。又因為各人各自的欲望之無限地追求，便不能不妨害他人的追求，由妨害而產生鬥爭，由鬥爭而演成流血事件的擴大，而變成集體戰爭、民族戰爭，而到本世紀來的世界戰爭，所以要說可悲！

二、瞬變的萬花筒

以照佛法來說，凡是有形相有作為，看得見摸得著，聽得出嗅得到和感得及的種種現象，都是不究竟或不圓滿的，因為世界的事物，生生不已也死死不已，一切都實在的，一切也是空的，所謂「因緣所生法，我說即是空」，世間的現象，正如小孩子玩的萬花筒一樣，不斷地將筒轉動，不斷地向筒內看，筒內的花樣也不斷地變化。其實那些花樣，不過是一些簡單的彩色碎片而已，但以各種角度和位置的變更配合起來，就覺得真像有無數的花樣在筒中出現了，當然，那些花樣，只是臨時假合，偶一轉動，花樣就會立即變樣。那麼我們生而為人，在這個形相顯著而又呆笨的世界上為人，這人的本身，就是一個缺陷，儘管古往今來，產生了多少宗教家、思想家和各種發明家，但他們的宗教、思想、發明，由人產生而仍落於人間，它就不能沒有缺陷，故我敢說，我們以前不曾有過絕對圓滿的事物出現，現在是如此，將來也是如此。基督教說上帝依照他自己的形像造人，當他把人造出之後，竟又不像上帝，若照基督教的觀點去看，實在有失上帝的威信，因為上帝即是真理道路和生命，他竟連一個雕塑工匠的資格都不夠。上帝的手不能聽從上帝的心意，正像一個幼稚園的兒童，拿起一枝蠟筆，心裡想在紙片上畫出一隻小狗，但在畫完之後，便發覺那隻玩意，根本不像真實的小狗，卻又仍然有一點點形似小狗。所以上帝比照他自己的形像造人，幾乎造出了百分之一百而又偏偏不像他自己的所謂「罪人」，致使害得他被釘在十字架上（基督教以耶穌即是上帝），以替人類贖罪。事實上，我們縱可承認有一個類似基督教的上帝的存在，但以超自然的絕對真理，而落入了世間的凡事凡物和凡人之中，也就不是絕對真理而成了相對或比較的真理。可惜基督教從未有過這樣的觀念，否則耶穌便不會自稱他就是真理道路和生命了。基督教徒們相傳：耶穌死後三天復活了，而且連那曾被釘死的屍體，也從墳墓裡爬起來，回到天父的天國去了，憑一個父母生出而靠食物養成的肉體，竟會復活！竟會升天？但我以為耶穌的復活是真實的，不過不是屍體的復活，而是精神的復活，復活在信徒的心中，不是復活在耶穌的墳墓裡。因為世間的事物，有其出現，亦必有消失，這是自然的律則，何獨耶穌例外？

這在佛教，就沒有這樣的說法。佛陀常說佛的境界，唯有佛才知道，唯有佛才領略，而且也是「不可說不可說的」，因為一說出來，就成了世間的語言名相，一成了世間的語言名相，那就早已脫離了佛的境界。所以絕對的真理——諸法實相或真如，不可能在我們的世間出現；所以佛陀成佛之後，佛的肉身仍舊跟凡夫的一樣，一樣是一只臭皮袋子，袋子裡裝滿了已經臭的和必將臭的，如不荼毘，且也必將變成蛆蟲和腐蝕菌類的大餐館的肌肉、脂肪、血液、骨骼、粗細經脈和大小神經。正因為佛的肉身也跟凡夫的肉身一樣，凡夫有生有病有老有死，佛的肉身，同樣也會生病，也會老死。故於釋迦世尊行將入滅之時，佛的侍從阿難尊者苦苦哀求，請佛永住人世，永做人間的導師；釋迦世尊的回答，卻教弟子們依戒為師、依法為師，並且重加說明無常的道理。可見佛教不以神奇的故事來增加佛陀的偉大，佛陀在世，只是一個偉大的人，而不必是奇突的「神」，佛陀的偉大，是因他的智慧和德行超過了凡人。然而佛是絕對的圓滿，佛的肉身卻不是絕對的圓滿；佛法是絕對的圓滿，佛教則不必是絕對的圓滿。佛教偉大，僅是相對比較上的偉大，佛教的真正偉大之處，也就在此不以自身為絕對偉大的偉大。因為這個現實的世間，就是一個大缺陷，處身於大缺陷中，不可能沒有缺陷。

三、人生道上缺陷處處

那麼，缺陷在於人間，實為人人之所難免，人類之有智愚賢不肖，之有聖者仁人與男盜女娼的不同，實也僅是大缺陷與小缺陷的比較差別，有缺陷便有要求，有要求（不論是要求善的果報或惡的作為）便是缺陷。現在且將人生缺陷中之兩大基本或兩大原始的缺陷分析如下：人在人間，最不可缺少的要求，便是吃的問題，人從剛剛出世，就會本能地要求吃奶，所以尋常聽到孩子哭了，只把母親的奶頭向小嘴裡一塞，哭聲馬上停止。從吃了第一次的奶汁開始，人的肚子，便得每天塡進去一些東西，直到死的時候或死前的幾天與幾小時為止。世界上儘管有些怪人不吃飯，但那究竟是人類比數中少了又少的少數。比如中國史上的一些道家的信徒，主張不吃煙火而要辟穀燒丹，印度的苦行僧人，甚有日食一麻一米而度其形容枯槁的生活（佛在成道以前也曾有過如此的生活，然而佛的成道，是在放棄了這種苦行之後，所以那不是佛教，而是外道），還有一千九百多年以前曾為耶穌施行洗禮的約翰，僅以蝗蟲和野蜜做為他的食品等等，可是人類之中的絕對多數是要靠著適量的穀類蔬類與肉類來維持生命的。人類最初的祖先，也許眞像進化論者所說，跟近代的猿猴或猩猩相似，長著一身茸茸的細毛，天熱了脫掉一些、斷掉一些，使得體溫不致太高，天冷了長厚一些、長長一些，使得寒氣不易影響體溫的常度，故可免了服飾的累贅。但是凡為動物，卻不能不吃，正因為有了吃的問題，世界上才有了煩惱；尤其是有了肉食的動物之後，世界上不但有了煩惱，而且也出現了殘殺和戰爭的悲劇。所謂弱肉強食，適者生存，在殘殺相食的競爭之下，智能高的動物，漸漸抬頭，漸漸占了優勢；智能低的下等動物則漸漸由相吃而成了專門被吃的階層，甚或又自專門被吃的階層而乾脆退出了我們這一世界眾生的大會的席位，而接受了淘汰除名的命運。這一弱肉強食的比率，根據專家研究的結果，大概是這樣的：動物長一磅肉，需要吞食小動物的肉十磅（動物吃了小動物的十磅肉，固可增加一磅體重，但其經過勞動及身體各部分能量的消耗之後，吃十磅肉，自然不能如數增加自身體重的一磅），如果我們是靠吃鮪魚為生的話，那麼一千磅橈足類水生動物，然後產生一百磅的鯡魚，一百磅鯡魚再產生十磅鯖魚，十磅鯖魚長出一磅鮪魚，一磅鮪魚吃進我們的肚皮，僅僅增加我人體重的十分之一磅而已！試問：肉食的殘忍，該是多麼驚人？一千磅的橈足類水生動物，該有多少個生命？多少尾鯡魚，才有一百磅的重量？但到我人身上僅只多了十分之一磅而已！然而，我們的人類，自原始的祖先開頭，就是從獸類的獠牙縫裡逃出來的，人與獸爭的階段，固然是以肉食為生，到了漁獵的時代，仍然吃肉，游牧的階段，還是吃肉，直到農耕時代開始以後，人類的主食才著重於穀類與蔬類，而把肉類置於次要的副食地位。奈何不幸得很，我們的社會一到近代，由於醫術的發達和環境衛生的改善，人口的死亡率減少，人的平均壽命拉長，造成了人口膨脹的空前現象，於是一班有心之士，便開始為人類食糧問題而擔心，而發出驚心動魄的謬論。例如馬爾薩斯的人口論出現了（但他錯了），他說中國大陸的康生計畫出現了，希望能夠因此而減少中國一億的人口！據美國的生態學家威廉．吳格博的研究報告，他說四十年後的世界人口，將會增加一倍，那麼目前的世界人口約為二十六億左右，竟有若干地區的落後民族，已經鬧著糧荒，而需外來的援助。如到四十年後，地球上的耕地不可能增加一倍，人口卻增加了一倍，那時的吃的問題，又將怎麼解決？因此，又有一些人主張大量開闢海洋中的糧倉——向魚類身上去動腦筋了，因為他們相信，大魚吃小魚，小魚永遠吃不完，而且水類動物之死於相吞相食中的比數，跟人類死於戰爭中的比數類似，絕對的多數還是自己死去的。這樣一來，我們的世界，似乎是命中註定永遠要有殘殺行為的了。不過也有一些科學家，為我們指出了可慰的展望，據說假如地球上植物所製出每年達一百六十億的碳水化合物（又名澱粉）都可以吃的話，那麼哪怕世界將來的人口，即使比目前多出四十六倍，也可以供應而不愁餓死。這實在是一個非常可喜的推測，但願能夠真有這樣的一天。

不管人類未來的生活如何維持下去，然自有了生民以來的人類世界，最大的問題，實莫過於吃的煩惱，雖說「人為財死，鳥為食亡」，如果人而不曾吃飽，哪還顧到財的問題？人在冬天只要肚子填飽，衣服單薄些還不打緊；相反地，如果不給他東西吃，即使裹在狐裘之中，也會飢凍而死，這是欲界眾生，與生俱來的一種大缺陷呀！所以佛在世時告誡弟子們要把食物當藥吃，而不要把吃東西當成享受。佛的意思也是希望佛弟子們從這一個大缺陷中盡量抽出一隻腳來，免得矮子過河愈走愈深！

欲界眾生的第二種最大的缺陷，要算異性要求的問題了，所以中國的儒家要說「飲食男女，人之大欲存焉」了。所謂「飽暖思淫欲」，人當餓著肚子的時候，唯一的念頭是想如何找到東西吃，當他吃飽了，且連明天、後天、下一週、下一月，乃至下一年吃的問題都不用發愁了的時候，第二種原始本能的衝動，便會油然而生。當然，以照文明人類的看法，要求異性，固然含有要求發洩性欲的成分在，但是要求異性卻並不即等於要求發洩性欲。根據中國人的傳統觀念，陰陽的分際與和諧，便是宇宙的本然面目，有陰陽才有天地，有天地始生萬物，萬物之生又賴於陰陽兩性之好合，所以宇宙之形成，固出於陰陽化合，萬物之產生，又為宇宙的本性做了事實的說明。可見，生存於宇宙自然之中，就得接受自然律則的支配，人由男女好合的父母而生，出生成長之後，又得準備去做兒女的父母，這是自然生命的要求，也為自然生命的責任。若想跳出這一自然生命的律則，實在不是一件容易做到的壯舉。對於這一點，時賢唐君毅先生曾說：「人在此，又如要想從無限的自然生命之流中，抽出身來而退居岸上。然而退不到岸上，便只有帶著生命之流水，旁行歧出，成絕港枯潰。人此時便又若從自然生命之大樹飄落的花果，須另覓國土，自植靈根，否則便只有乾枯憔悴。我們不能說斷絕男女關係是不應當的，而且我認為這是人生最偉大莊嚴的事業之一。……人能自拔於無限的自然生命之流之外，而退居岸上，或使從自然生命之大樹飄落的花果，另覓國土，自植靈根。這不能不說是最偉大莊嚴的事業。……但是這事真要作到家，須把自然生命之流之浩浩狂瀾翻到底，直到伏羲畫卦前。」（見香港《人生》半月刊一二四期），我們知道唐君毅先生不是佛教徒，而是近代新儒學的學者，但他曾是晚近佛學家歐陽竟無居士的學生，且他自己也說，他的哲學趣味，最先實得力於《圓覺經》、《楞嚴經》諸經的引發。所以從他這段話裡看來，他不但不攻擊超塵脫俗的出家行為，並還讚美出家行為的莊嚴偉大，這比起中國近代另外的一位大思想家胡適先生之一味詆毀說：「中國古人走錯了路，不思做人，而去做和尚、尼姑、羅漢。」（一九五八年十二月八日胡氏在臺中農學院的講詞，載於十二月九日《新生報》）唐先生實在可佩，胡先生則幾乎武斷地令人難於想像。因為中國古人去做僧尼是走錯了路，西方宗教徒的離開塵世走進道院，是否也走錯了路？只因胡先生自己無法從自然生命之流之中抽身出來，竟全然否定了抽身上岸、另覓國土、自植靈根的莊嚴事業之可敬可貴與偉大之處，這與井底之蛙不知天地之大，而乾脆不承認另有天地者，又有多大的出入？當然，能從自然生命之流中抽身上岸的人，人類之中除了極少數宿根深厚的大善知識，實在不易做到，即使有些凡夫因了環境的驅使或一時的興致而走上出家之道，但那畢竟是不自然的，畢竟是不能另覓國土、自植靈根，而使自己的生命活力，既不同於眾，又能耀然於世，像一座光芒萬丈的燈塔，屹立於漫漫長夜的大海之濱，自己抽身上岸，又能引導海上的眾生。所以古今中外，終身不婚的人不知凡幾，能夠卓拔於世的，實在寥寥可數。正因為要從自然生命之流（可以解為輪迴不已的生命之流）之中抽身上岸，另覓國土（可以解為自性昇華後的一種境界），自植靈根（可以解為使得自性接通了超拔的清淨境界，且能生氣盎然），是件極為困難的事業，故在佛陀時代的僧團之中，曾有犯了淫戒的比丘，佛陀亦許可不能守戒的弟子們捨戒還俗，免得使人感到禁止異性的接觸，反成煩惱痛苦之淵；同樣地，在西方的基督教中，耶穌的施洗者約翰是個標準的苦行僧人，耶穌本人也是終身未婚，所以初期的所謂「聖徒」，也是獨身的，雖其弟子中未從耶穌之先曾有結過婚的，然到被稱為「外邦人的使徒」保羅的時候，見有部分劣行的教士後，便說：「如果他們不能自制，讓他們結婚吧！」

同時我要在此順便一提：佛教與基督教，雖同樣都有出家的事實，但其兩者的出發點則有差別。佛教的出家，意在使得人們於生命的輪迴之流中，暫時停止，不再隨波逐流繼續輪迴下去；使人拋棄愛情的束縛和家庭的累贅，而去一心向道，勇猛直前；尤其佛教教人以觀無常、無我、不淨等等的現前假相，致使人們由自性之中自然流出無欲無求的清淨境界。即使過去現在和未來的諸大菩薩，常現在家身相，但那只是方便而不是究竟。至於基督教僧侶，出家的意義，實在非常含糊，耶穌本人雖未結婚，但他沒明白地說出為什麼不結婚，所以他初期的門徒，與後來的修道主義者的生活方式又是不同的。基督教的第一個修道院，不是出現在耶穌時代，而是出現於西元三一五至三二〇年之間，這與佛教的僧團組織產自佛陀時代者完全不同。再說，基督教徒之不結婚，只覺得是一種聖潔的工作，可以因此更能得到上帝的啟示或愛護而已。故在第四世紀的中葉，有位叫作濟朗的苦行者，他主張修道女是嫁給上帝的新娘。佛教則絕對不會說：比丘尼是嫁給佛陀的新娘，因為若有嫁娶的觀念存在，便是不脫虛妄或缺陷的本質呀！不過，基督教的僧侶之中，也曾有過若干品格偉大的人物，我們自也不必因此抹煞，至於能否算是究竟解脫之道，自可又當別論。

一般的人，到了相當的年齡，必然希望有個歸宿，這一歸宿不是宗教的安慰，而是異性的安慰。中國舊社會中的兒女們，到了成年之後往往因為異性的渴求，而又不敢直說，致使引出病來。所以他們的父母也會明白兒女們的情緒，把男婚女嫁，看成為人父母的一大責任。在新時代的新社會中，人到成年就業之後，對於異性的安慰，似乎更為需要，結了婚的人，在道德生活上往往要比未婚者來得落實可靠，因為他們在情性的要求——缺陷上，已經有了若干的彌補。同時，人生在世，在一般未能把心胸擴大開去，不能體認出民胞物與的精神者而言，往往總有孤獨之感。父母生我，父母愛我，但是父母會在我們少年、青年，或中年老死，即使父母不死，能和兒女相處而又真正相知的父母，又有幾個？年齡不同，所生的時代不同，憧憬自也不同。可見，父母雖能愛我疼我，卻不能做我的伴侶，也很少可能成為我的知音。如果不找一位異性做為自己的終身伴侶，並且生兒育女，我的一生，無異就像一片無從落腳生根的浮萍，那該多麼孤單？何等的寂寞？所以柴霍夫要說：「女人沒有男人做伴侶，就憔悴了；男人沒有女人做伴侶，就愚拙了。」在中國的古代，也將「鰥、寡、孤、獨」列為值得同情的對象，尤其是女人不嫁丈夫，簡直要被看成一個怪物！然而，異性的安慰，真的能夠填滿人們的缺陷嗎？不然，我在前面說過：「有缺陷便有要求，有要求便是缺陷。」正如托爾斯泰所說：「床笫間的悲劇，是人生最大的悲劇。」正因為我們的世間，本是一個大缺陷體，站在自己的立場看出去，外界固然有缺陷，從外界向自己看過來，也是缺陷處，所以世上的佳偶不能說沒有，但是不愉快的結合卻也常有，將兩個不相調和的男女放在一起，其生活的滋味，自可不言而知；如果因為彼此看不順眼，以致形成男的厭舊迎新另有外遇，女的紅杏出牆不守婦道，這個家庭該成什麼樣子？即使是才子佳人的結合，也未必能夠歡愉終身。比如《浮生六記》的作者沈復，他寫《浮生六記》，是在喪偶之後，他以回首不堪話當年的心境，寫下他與夫人芸娘之間的生活情趣，這一悼亡的心境，又有什麼安慰可言？所謂生離死別，如果是一對恩愛的夫婦，生離痛苦，離後的相思也是痛苦，如有兩者之一的呻吟在床，兩者都必痛苦。至於死別，當然更是痛苦了！未死者固因喪偶而覺得淒涼，將死者尤其覺得是以單獨一人而走向另一個不可知的世界——仍然只落得一個孤獨無依的境界。實際上，要以缺陷來填補缺陷，永遠也不會把缺陷填滿。

四、正視人生的險道

我敢斷言，人類之中絕對的多數，都是在為著生活忙碌，為著生活工作；為了自己的生活，為了生兒育女；為了兒女的生存，為了兒女的生兒育女，匆匆忙忙過完一生。基於飲食男女的兩大要求，又產生種種附帶的要求：金錢、權勢、榮譽。人在一生之中，時時刻刻念念不息地要求滿足，永遠也得不到真實的滿足，直到兩腳伸直，兩眼閉攏，仍然帶著許多尚未獲得的要求，向這花花世界告別。當然，我無意咒詛我們這一現實的人生，也無意主張人類應逃避這一現實的人生，故在本文的開頭就說：「對於現實的不滿意或不滿足，乃是人之常情，甚至乃是人之通性，人類之有進化，之有文明，之有歷史，全在這一不滿的要求和情緒下所產生。」但我又說：「火炬可以照明……但如火炬多了……重重層層將我人圍在其中，我人豈不要被熊熊的烈火燒成焦炭？」在世法之中我人不可能沒有基本的要求，最低限度，肚皮不能不吃，佛法雖然超出世法之上，但要在平安地通過了世法之後，才是解脫出世的境界。我之所以要根據佛法的原理，指出人生境界的缺陷所在，不是叫人厭惡，而是希望我們只以這一人生境界，做為通向解脫之道的交通工具或旅途的食糧，而不是永久的棲身之處，事實上，我人有生必有死，故亦不可能將此人生境界做為永久棲身之處。唯有如此，我們才有可能由無數連續的要求或渴望之大饑荒中抽身出來，將要求變為責任。例如我對我的生而為人有責任，我對我的祖先有責任，我對我的父母師長有責任，我對我的後代子孫有責任，我對我的配偶有責任，我對我的家庭有責任，我對我的團體有責任，我對我的國家有責任，我對我的世界潮流有責任，我對我的人類安危有責任，我對我的過去、現在和未來無量生死中的無數父母、妻子、兄弟、朋友……，全部都有責任，責任感到了這一境地，已是大悲心量的顯現了。而且這也是我人通向圓滿解脫之道的唯一捷徑，我人唯有只盡責任（盡我個人之所當能為而盡力為之，不可偷懶也不必勉強），而不要求自我的滿足，才會漸漸達於真實圓滿的無上佛境。否則的話，要求愈多，缺陷愈多，缺陷增加，要求也跟著增加。那麼人與人間只有利害沒有道義，只見鬥爭而不見和平了。因為誰都希望滿足自己，也就誰也得不到他人給予的滿足，而且誰也不可能使得誰能滿足。那時候，我們的……，當然，我們不必如此地悲觀。可見我講人生的缺陷，不是詛咒缺陷，乃是希望正視這一缺陷處處的人生險道，然後挺起胸膛，邁大腳步，通過這一缺陷處處的人生險道！

（一九五九年元月於新店，刊於《人生》雜誌十一卷二期）

蒼涼的人生

我人來此世間之時的最初之際，只是孤孤單單的一個人，未帶半分財產，也沒有半個同來的朋友，即使有雙生的姊妹兄弟，可能也是出生之後的偶然相遇；即使曾是相約投胎的，但在改頭換面地重新做人之後，也難憶及過去。

出生之後，如果父母並不歡迎嬰兒的光臨，繼續生存的可能性便很少，但天下父母，只要身心健康的，沒有不愛護兒女的道理。因為父母之愛護兒女而予以撫養成人，也正是為要填補他們的蒼涼之感。

人於初生落地之後，總以為父母是最可靠的人，故其每遇困難痛苦或恐懼之時，便會想起父母，呼喚父母，以期父母來為之解救保護，除了父母之外，一切的事物都以為是靠不住的，除了父母之外，自己也是絕對蒼涼的。

年事稍長，知識稍增，思想稍微有了自覺自察的能力時，又覺得父母雖然愛護我，但並未真正地了解我，我的興趣，我的嚮往，我的祈求，父母並不能全部知道，全部給予最大的同情和扶助；還有一個嚴重的問題，父母即使全心全力地愛護我，但是父母不能不死，並且絕對多數的父母，都是先兒女而去世。於是，當我察覺父母與我時代與身心之間的距離時，我又感到孤獨的蒼涼了；當我想起父母會先我而去，或者已經先我而去時，我更感到孤獨的蒼涼了！

但是人總是不甘寂寞的。即使自己並不知道什麼叫作人生的蒼涼，但此人生的蒼涼境界，不因為我不知道，而就不來找我（其實是我去找它）。成年之後，我有一個強烈的要求，除非我去出家，而將自己的生命，接通另一條超然於物質之外的源流，否則我的此一強烈的要求，必盼求其實現，以慰此一蒼涼的人生。此一強烈的要求便是男女之間的相互求偶，男女的結合，屬於生物方面的自然趨勢，但也更是填充蒼涼之感的一大傾向。

事實上，男女的結合，屬於肉體方面的成分，遠較心靈根源的投契者更多。當然，道德或良心的責任，亦恆使得男女的婚姻關係，維繫至於終身。

但在婚姻關係的連結過程中，除了新婚熱戀的期間，同床異夢，乃是不可避免的現象，雖然很多人都不肯承認。因為夫婦的知識水準，生活的情趣，以及對於各種事物所抱的觀點，往往是不能一致的，因此也就會覺得我的對方並不真的了解我，甚至可說並不真的全心愛著我。於是，當我對自己的配偶感到乏味，而對另外的男女感到興趣乃至傾慕時，這便告訴我，我在感到人生的蒼涼了。因為無人真的愛我，我不甘寂寞，所以我想另找一條出路來安慰我的蒼涼之感。

再有另外一個角度，有人說：「人生得一知己，可以死而無憾。」事實上，人之處世交遊，無不希望朋友把我當作朋友看，乃至把我當作他自己一樣，像愛護他自己一樣地來愛護我。當然，這也是安慰蒼涼之感的一條出路。可是不幸得很，人多數是自私的，我固希望他人把我當作他自己看待，我卻並不能夠也把朋友當作我自己一樣地看待，因此，我如仔細地考察一下，並沒一個朋友能把我當成他自己一樣看待的，所謂「共患難不共安樂」的事實，根本不能免除的。人在苦難時，為了搶救自己，不難同舟共濟，一到苦難的因素消失之時，為著自己的利益，便不能沒有自己的打算。即使對於過去患難期中的難友，給予幫助，也不能像對待自己一樣地去對待難友；同時，如能全心一意地去協助難友，難友本身，也會因其自尊或自卑感的作祟，覺得接受這種協助，乃是出於彼此間的萬不得已！於是朋友以為我沒有把他當作自己看待，我也覺得朋友沒有體諒我的真心相待。因此，我人在世，並不會有知己的朋友，除非是聖人與聖人之間，即使是聖人與聖人，也要他們的聖格相等，所謂「唯佛與佛」出世的聖人才能求得絕對的和諧一致。一般的凡夫，是不能沒有其孤獨蒼涼之感的。

再說，人之有生必有死，人生短短數十年，從出生落地，便在片刻不停地奔向最後的一站。當生的時候，便已決定了死的命運，雖然大家都怕談到死的問題，但是死的安排，並不因為我怕，它就不來向我接近，這是大家非常清楚的事實。儘管世上有許多人做著如此的宣誓：「未能同年同月同日同時生，但願同年同月同日同時死。」也許當其激情洋溢之時，真有如此的打算，所以要做如此的宣誓，實際上，誰曾看到真的如此？即使殉情殉國的烈女與壯士，但在死的時候，絕不會恰好一齊躺下，至於躺下以後，照佛理而言，由於各人業力的不同，彼此神識的分聚離合，也是一個不可知的境界。所以孤孤單單地來了，又蒼蒼涼涼地去了，不知是從何處來的，也不知將往哪裡去的！在此景象之下，如果我還沒有任何宗教信仰，便有一個現實而以為是可靠的要求，要求我有我的下一代，我雖死了，由我而來的下一代，仍可繼續傳至下一代的下一代，以此下一代的存在，而來補充我的必將不存在；彌補我的空前絕後的蒼涼之感。所以一般以現在或以人為本位的學者們，尤其是中國人的傳統觀念，都以傳宗接代——即使是廣義的包括了人類文化與民族精神，為其永生的安慰寄託。

事實上，子孫傳代，子孫的肉體固因由我而來而得存在，但是子孫的事業不是我的事業，子孫的成就不是我的成就；尤其是子孫的思想及其由思想所產生的一切行為活動，雖或帶有若干成分的遺傳色彩，但卻絕對不能代表我的一切行為活動。再說，子孫之懷念父祖先人，也不能如父祖先人之希望於子孫的那樣熱切。孔子說：「父在觀其志，父歿觀其行；三年無改於父之道，可謂孝矣。」孝子尚只能三年不改父道，可見一般人對於父祖先人的遺志家訓，實莫不隨著時日的消逝而漸予淡忘！至於一個民族的思想精神，自皆有其傳統的反顧，但是人類社會的進化，先王與後王是不能偏廢的，然此先王的遺產，已是整個民族歷史的共業所成，而不是單獨個人價值的延續了。

真正要求自己能夠不蒼涼、不孤單，並不是去要求外力來彌補自己和安慰自己，而是以自己的力量去彌補他人的蒼涼與孤單，唯有把我自己的蒼涼感徹底忘掉，自己才會從蒼涼的痛苦中得到解脫。顯然，以常人的看法，即或人格崇高如聖人，他們亦當有其蒼涼之感與悲切之情，並且較諸常人更為深沉，常人少有相互通契的朋友，聖人當更少有相互通契的朋友，因為聖人的胸懷，常人對之，總是莫測高深；相反地，道高魔也高，如果真是一位以救人救世救眾生為本懷的聖人，必也會有很多人把他當作敵人來攻擊！但是，凡為一個真正的聖人，他們的心境是非常平靜的，他們把一切眾生的痛苦看成自身的痛苦，除了解救眾生的痛苦，沒有別的要求可言，因他們徹底忘卻了自身的利害，所以看一切眾生的事等同自己的事；唯有在這樣的心境下，他們才真能超越了蒼涼的人生之感！

（一九六二年五月於美濃，刊於香港《人生》雜誌二七八期）

人格在寂寞中昇華

一個寂寞的人，雖能引起他人的同情；但人之對於寂寞的境遇，總是容易引起哀傷的情緒。所以寂寞的境遇，總是不受一般人所歡迎的。

但是，人而真正能夠忍受寂寞，安於寂寞，樂於寂寞，並且願以寂寞為其終身之良友者，他將必然通過寂寞之路，透出於寂寞的氛圍之外。他將會在寂寞之中，認識自己，認識他人，認識世間，認識世間的一切有情與無情；他將會發覺自己的缺陷，他人的缺陷，世間的缺陷，乃至一切有情與無情的缺陷；缺陷之中，產生憂患，憂患則與痛苦俱來；自己有痛苦，他人有痛苦，一切的有情眾生皆有痛苦；因為自己有痛苦，自己是人，凡是人，必皆有痛苦；又人是有情的眾生，凡是有情的眾生，亦當皆有痛苦。自求解脫痛苦，故亦必能逐漸而發為救人救世的大悲精神。到此境界，吾人的人性，已從孤單與寂寞之中，昇華而至於廣大無際的無盡藏中，自己深入於民胞物與的無盡之藏，自己的心胸，亦將充塞於無盡之藏，並進而彌蓋涵容了無盡之藏，此真所謂廣大如虛空了。但是，虛空雖然容受萬物，且以撫育萬物為職志，虛空的本身，卻是寂寂寞寞，無色無臭的。

因此，我們可以肯定地說：古來聖哲之士，不論出世的抑或入世的，他們皆從寂寞中來，那是毫無疑問的。雖由各人對於寂寞的運用有廣有狹，對於寂寞的體認有深有淺，而致聖格與聖階的範圍等次，各有差別，然其認定寂寞之可貴，乃是一樁事實，即使他們未嘗用過寂寞一詞的字樣。

人類思想的凝聚，必須有其冷靜的機會；人格的昇華，必先假以沉澱的時日。一缸混水，澄清之後，始能明淨如鏡而澈上澈下，但如不讓其有休息的機會，時時均以器物攪之拌之，那是不會澄清下來的。

世間固有不假造作的天才人物，一出世來，即能顯赫一時，但那總是浮淺的，好像肥皂的泡泡一樣，也能吹得很大，也能在陽光之下發出絢麗的色彩，也能使人對之欣然而笑，然其彩色的生命是有限的，其為人們所留下的印象與影響也是有限的。

世上一般的所謂凡夫，總是不甘寂寞的，總是想盡方法，要使自己比他人好，要使自己站在他人的面前與上面，要使自己讓他人看到，要使他人知道自己是比他人為好為高。所以一般的政客，口頭上喊著為民服務，事實上卻在踏著人民的背脊，登上自我高大的寶座，政客之所以不能成為偉大的政治家，端在他們的不甘寂寞，他們是為成全自我而利用他人；政治家之所以能夠萬民愛戴，流芳千古，原因是在他們的動機為救國家為救人民，能置個人的成敗毀譽乃至生死於度外，他們為了達到自救救人的目的，可以接受天下人的反對，即使在天下人的一致反對之下，他們仍能我行我素。所以歷史上的孔孟諸子，他們各有其政治理想的政治計畫，但他們卻未有一人是能即身而將自己的政治抱負全部實施的，甚至永遠未能付諸實施的，可是，他們那種獨立特行、獨往獨來而甘於寂寞的精神，那種雖千萬人吾往矣的魄力，實在值得吾人深心嚮往。

吾人在寂寞的時候，不能不感到無聊，這是因為沒有寂寞的習慣，未能將寂寞的境遇，看作知己的朋友，所以大家喜歡往熱鬧的場所跑，希望能有一些可以交談的朋友，可以共同玩樂的朋友。但是人從熱鬧的場合中走回家裡時，或當朋友們各自分散時，卻會感到加倍的寂寞，好像自己是生活在古墓之中的木乃伊，孤孤零零，悽悽切切，冷冷清清，像一個無依的幽靈，像一隻失群的小鳥。於是產生反常的心理：愈感寂寞之惱人，愈向熱鬧的場合裡鑽，愈鑽愈感寂寞，愈感寂寞愈要找刺激。最後，心靈混沌了，肉體麻痺了，精神墮落了，整個的人生，也就毀滅了！

當然，凡是尚有一些自制能力的人，那是不會一直走下去的。普通的人，無聊的時候，可以看看書，寫寫字，聽聽音樂，時間也就打發過去了。但是，假如我像魯賓遜一樣，生活在一個無人的荒島上，那裡沒有文明，沒有文化，也沒有任何的書籍，那時候，我是自殺呢？還是繼續活下去？如果我是一個聖者，這倒正是我所求之不得的環境了，佛教的教主釋迦牟尼，他要單獨跑到雪山去枯坐六年，耶穌成道之前要到西奈山去獨住四十晝夜，他們何嘗是從書本中找智慧呢？所謂：「知止而後有定，定而後能靜，靜而後能安，安而後能慮，慮而後能得，物有本末，事有終始，知所先後，則近道矣。」這是中國儒家的主張。書本之中，固可找到知識，真正的智慧，則非書本之中可以找到。所以佛教的禪宗，主張不立文字，主張直下悟入，明心見性。中國儒家，雖有悟的境界，但在宋、明之前，殊少直接點出悟之重要者，到了宋、明之後，因受禪宗的影響而標明了悟的觀念，陽明的龍場悟道，便是一例。雖然佛教的悟道與儒家的悟道，在層次與成色上有其差別，但其悟的方法是一樣的。如何才能悟道？首要在於知止，以不變而應萬變，心不變動就是定境，心如止水，自可內外明澈，而能自悟悟他了。唯此知止不變的工夫，若非甘於寂寞的人，那是用不上力的。

人之自高自大者，正因他是無知；人之能夠敬上而謙下者，正因他能知道自己之無知；人之無知而能自知為無知者，他已不是等閒的人物了。所以蘇格拉底自謂他之過於人者，只是自知其無知而已！但要發覺自己的無知者，非要有寂寞的經驗不可，一個不甘寂寞的人，他是不能自知其無知的，一個不能領會寂寞的人（像無有思想可用的動物一樣），更是無法自知其無知的。故如莊子所說的「吾生也有涯，而知也無涯」的警覺心，在一般人來說，那是談不上的。

可是，我們不妨從現在開始，找一個寂寞的機會，或在深夜的床上，或在傍晚的天井裡，或到空曠的原野，或到汪洋的海邊，或坐林間的樹下，或宿深山的梵剎，先讓自己寂寞下來，然後再向自己發問：

我是什麼？我從何處來？又將往何處去？

我認識自己嗎？認識些什麼？認識了多少？

我為何生在天地之間，如何生在天地之間，天地之間如何使我生存？

我對我的周遭事物，理解了多少？理解些什麼？

我是人？人應如何？我已如何？

我覺得人生是痛苦的還是快樂的？痛苦何處來，快樂何處去？自知有苦樂，也能知道他人有苦樂嗎？

我生於天地之間，對天地之間的一切萬有，理解了多少？理解了些什麼？

像這些問題，任便舉出一個，必將無以回答，即使勉強回答，此一答案的分數，必也少得可憐！即使是集古來的大宗教家、大哲學家、大科學家，數千年研究的大成，也只說出了一點一滴、片鱗半爪而已。釋迦世尊，雖稱正遍知覺，但其所覺的形上境界，乃是唯證乃知的，乃是不假言說的，我們凡夫，自也無法從佛教的經論之中找到本末究竟。此一本末究竟或事物終始，仍須吾人從寂寞之中去開悟出來。

偉大的人物，都是從寂寞中來的，也唯有從寂寞中來的人，更能值得人們的尊敬。像西洋的哲學家中，斯賓諾莎甘於磨鏡的寂寞，尼采甘於病痛的寂寞，其餘如霍布士、笛卡兒、洛克、萊布尼茲、休謨、康德、叔本華等，皆甘於獨身的寂寞。中國自顏回以下，賢哲之中，甘於陋巷布衣的寂寞者更多。縱使學優而仕，身居顯要，但他們總是耿介質直，不阿不求，從政是為兼善天下而已，正是學以致用的表現。唯於偉人之中，寂寞一生者之精神作用，遠較及身聞達之流，更能使人崇敬與嚮往，卻是一個事實。這在宗教的行誼之中，尤其明顯，一個高僧，只要能有徹底放下的決心，他們對於寂寞的生活，必能甘之如飴，世人視之為枯槁，他們住之如春風。因為一個真正的宗教家，特別是一個佛教的僧人，他們雖以出世為宗旨，卻以入世為手段，他們的徹底放下，為的是要絕對的承當，若不先做去人欲而存「天理」的工夫在前，自也無法擔起自救救人救眾生的重任在後。即使一個高僧，未嘗真的在其一生之中，度盡一切眾生，但卻願於生生世世，盡未來際，直到度盡眾生為止，正因有其弘願之所在，他們雖然枯坐於水邊林下，亦同於心包太虛而與一切眾生談天說地了。近代的佛教界中，有一位弘一大師，他於出家之後，總是隱藏，總是甘於過他寂寞的生活，他在生前，著作無多，化眾甚少，但其若有所言，必是悲憫懇切之詞，必能語語感人，故到目前為止，不論僧俗，凡是知之者，談起弘一大師，總會肅然起敬，這就是受他那種卓拔的人格所感。那種卓拔的人格，卻是從寂寞的生活中，貞凝而成的。

一個甘於寂寞的人，根本不會想到寂寞的問題。人在單獨的時候，會覺得寂寞，有了一個朋友交談，便不寂寞了；一個甘心與寂寞為友的人，卻將一切寂寞中的人當作自己的朋友，他將全部的心力，放在寂寞的朋友身上，為之發掘問題，並為想出解除問題的方法，以期拯救，以期安頓。因為凡人皆在寂寞之中而又不忍甘於寂寞，不甘寂寞的人是愚癡的，也是痛苦的，所以凡人皆在他的拯救之列，凡人皆是他所關心的朋友。那麼試問：能以一切人乃至一切眾生為朋友的人，他會感到寂寞嗎？當然是不會的。

若想甘於寂寞，確非輕易之舉，如果以甘於寂寞做為來日的晉升之資，期以十年寒窗，換取來日的衣錦榮貴，那是流俗的，那不叫作甘於寂寞，而是做的投資生意。離俗而處者，固為甘於寂寞的人，一個真能甘於寂寞的人，卻並不一定要離群獨居，像美國的林肯，像印度的甘地，都是寂寞的人。寂寞者不會考慮到自己的問題，他只希望同情一切人，了解一切人，並願為一切人乃至一切眾生承擔問題而解除問題。他是忘我的，即使一切人乃至一切眾生都把他當作敵人來攻擊，他也必能在所不計，人皆以他為敵人，他卻仍以朋友乃至慈母的心懷來愛之護之。所以佛教主張學佛者，應先空去一個我的觀念，然後才能進入佛法的聖階，因為人欲皆由我的觀念而來，有我就有人欲，有人欲便不能甘於寂寞。

寂寞是可貴的，願將此一短文，獻給正在寂寞中的人。

（一九六二年十一月於美濃，刊於香港《人生》雜誌二九〇期）

怎樣準備人生的最後

人的生死，本來就是一回事，當在剛生的時候，就已決定了死亡的命運。可見生有什麼可喜，死有什麼可懼？

但是，所謂生死問題，人們所關切的，卻是偏重於死的一端，因為死亡的那一面，又有幾人知道那是什麼境界？

不論怎麼樣，工作累了，必須休息；衣服穿破了，必須重換新的；太陽從東方升起了，必定要向西方落下去；爭妍鬥豔的春季繁花，一定會凋謝；熱鬧非凡的歌台舞榭，一定會散去。所謂曲終人散，世間沒有不散的筵席。

看破了，就不會恐懼死亡的來臨。

人生是生命的列車，它有起站的開始，一定會有終站的結束。所以，人生最要緊的是使這一生命的列車，安全地出站，安全地通過全線的行程，並在行程之中盡量為乘車的旅客服務，盡量多載一些乘客，使他們都能平安舒適地，到達他們各人所要到達的目的地。至於本身到達終站時的情形，以及到達終站後的情形，那是不必擔心的。因為，既然能安全地通過這一生命旅程的全線，並也盡了最大的努力去為乘車的旅客服務，最低限度，已可證明，並未造成大意的車禍；更進一層，既已付出了努力的代價，那就很可能會受到光榮的獎勵了。

但是，一個學佛的人，學佛的目的，雖然並非僅僅為了準備人生的最後一站，人生最後的一站，卻是學佛工夫的最要緊處。平時用功不著力的人，自己對於所信的佛法，便不能得到真切的受用，自己對於人生的最後，何去何從，也不能產生深切的信心，一切都像是飄在水面上的浮萍一樣，著不到根腳，任由外境的風勢，東吹西飄，西吹東飄。像這樣的人，決定不能了脫生死，縱然修善一生，也只能夠換取未來生死之中的人天福報，這一人天福報的換取，雖然也是出於信佛學佛的功用，可惜，佛法的大海，遍處都是真珠珍寶，他們卻是僅從佛法的海邊，拾了幾隻不值錢的貝殼而已。

佛法的功用，是在令人如法修持，了生脫死。

死亡、出生，佛經中說，都是最最痛苦的事，唯其神經組織尚未健全，那種痛苦是直覺的，是沒有分辨力和記憶力的，故也可以稱為無知，這一無知，是從投入母胎時起，中陰身一入母胎，靈智就混沌了，等到出生數月乃至一年以後，才始漸漸地恢復，但與生前的靈智，已是隔了一層生死的障蔽，已經難知生前的事；這一障蔽，粗看是不好，細看還是好的，如果沒有這一障蔽，滿眼都是恩仇，甚至看到六親顛倒，人畜不分了；要是當真如此，人還能夠平靜地生活下去嗎？

死亡是痛苦的，但也未必所有的死亡都有痛苦，宿業重的人痛苦多，宿業輕的人痛苦少，一些無疾而終的老人，根本不會有多大的痛苦；有些中風而死的人，先從腦神經麻痺，昏迷死去，也不會太痛苦；能以心力控制，有些能夠生死自主的再來人，能夠說走就走，那也不會痛苦。最痛苦的是病傷而死，臨死之際仍能神智清醒的人，加上對於生的貪戀、對於死的恐懼，這些人，如果是夫婦恩愛，兒女情長，那就死得特別痛苦了。

當然，佛經所說，絕不會錯，佛經所說生與死的最大痛苦，生時是官能直覺的痛苦，死時是神識與肉體分離時的感受，是指神識的純精神的感受，不是物質的神經的感受。這一種感受，因為是純精神的，所以不易讓已生的人或未死的人發現，但卻不能就說佛經有錯。對凡夫而言，死亡是痛苦的，所以不必希望死得如同睡覺一樣，死亡時的痛苦，是正常的現象，所以從痛苦中死亡的人，如果他是很有修持的佛教徒，你也不可說是修持沒有用，更不可說是佛法不靈驗，尤其不能武斷他不了生死而將下墮三塗，要曉得，這是往世的業報，與現世的修持無關。修行人，應該在愈是痛苦的情形下，愈發虔誠修持，懇切發願，所以真正的修道人，不求身無病苦。病苦能消業障，這正是還債的途徑，乃至可說是重罪輕報的好現象，不但不恨，相反地是應該歡迎病痛之光臨的。

了生死的方法，不出二種：一是以自力修持戒定慧，一是以他力的彌陀接引往生西方。如果自己的願力弘大，願意生生世世廣度眾生，生生世世行菩薩道，那麼，只要願力堅強鞏固，身心持戒謹嚴，雖然不能自主生死而如聖位的菩薩，也將必能如願。

如果自覺願力不夠堅定，沒有不墮三塗的把握，那就一心求願彌陀的接引。

最要緊的時刻，是在臨命終時，心不顛倒，願行菩薩道的也好，求生極樂國的也好，務須正念分明，一心嚮往。但是，臨命終時的正念分明的工夫，必定先從未死之前的平時做起。雖說但能臨終十念彌陀聖號，即可往生西方淨土，可是，若非宿世的根機，僅靠臨終的十念，恐怕已經無法一心不亂地念上十念了。所以，學佛的人，修持的工夫，一定要從平時做起，一定要持之以恆。不可以修持了幾天又停頓幾天，持了幾天戒，又去荒唐幾天，用了幾年功，又去放逸懈怠幾年。最糟糕的，有些人平時很精進，一到病時就慌了亂了，甚至顛倒了，不信佛了；他們以為佛法不靈，修行人沒有好報，反而生病！有些人念佛吃素幾十年，一旦病重，到臨終時，竟在家屬親友的慫恿下開了葷，信了外道，這真是最最可惜可憫的事。正像投資開礦，開到快要見著礦藏的時候，竟然放棄不開了，為山九仞，功虧一簣！這是信心不夠深切的結果。所以我要勸告同道們：大家必須要一往直前，不餒不退地修持下去，必須要切切實實、不間不斷地修持下去，才能見到真工夫，才能得到真受用。臨命終時，便是最好的考驗，平時勤學的好學生，絕不會被老師考倒；平時勤修的佛弟子，絕對禁得起臨命終時的考驗。這一點，不但自己要堅定地信，切實地修，還要感化誘導各人的家屬子女，共同來信，共同來修，唯有如此，他們才會協助你到臨命終時的應考，不致反而來把你考倒。

也許有人要問：一定要臨命終時一心不亂，才能決定往生西方淨土，一定要臨命終時正念分明，才能如願轉生行菩薩道，那麼，如果是在意外事件的災難之時或恐怖之處死亡，怎能保持心念的不亂與分明呢？在那種情況下死亡的人，豈不是不能往生也不能如願了嗎？

這倒不一定的，因為信心與願力，只要深切了牢固了，它就牢牢地印在我們八識田中，它就有力量左右我們的神識的動向。比如一棵樹，從小就把它的重心拉向東方，那麼，當它成材之時，不論被風吹倒也好，被人砍倒也好，它倒下時的傾向，必定是向著東方。這就是平時的工夫，可以決定臨終以後神識動向的最好比喻。

當在病重的時候，切切不要怕死，切切不要貪戀家屬親友乃至產業寶物，切切不要心慌意亂，應該一心念佛，念佛功德相好，念自己皈信三寶的功德，加持自己的正念分明。不能出聲，應當默念，並勸家屬勿在病危的時候送醫院，勸大家陪伴念佛，使得自己的身心，融洽於念佛聲中。如果壽數未盡，也可靠著念佛的功德，使得病痛速癒。

關於臨命終時及命終之後，應該注意的事項，弘一大師有一篇文章，叫作〈人生之最後〉，說得頗為精當，讀者不妨參閱。現在摘其大要如下：

> 病未重時，亦可服藥，但仍須精進念佛，勿作服藥愈病之想。病既重時，可以不服藥也。……
>
> 若病重時，神識猶清，應請善知識為之說法，盡力安慰。舉病者今生所修善業，一一詳言而讚歎之，令病者心生歡喜，無有疑慮。自知命終之後，承斯善業，決定生西。臨終之際，切勿詢問遺囑，……若欲留遺囑者，應於康健時書寫，付人保藏。
>
> 儻自言欲沐浴更衣者，則可順其所欲而試為之。若言不欲，或噤口不能言者，皆不須強為。……
>
> 臨終時，或坐或臥，皆隨其意，未宜勉強。若自覺氣力衰弱者，儘可臥床，勿求好看勉力坐起。臥時，本應面西右脇側臥。若因身體痛苦，改為仰

臥，或面東左脇側臥者，亦任其自然，不可強制。

大眾助念佛時，應請阿彌陀佛接引像，供於病人臥室，令彼矚視。

助念之人，……宜輪班念，相續不斷。或念六字，或念四字，或快或慢，皆須預問病人，隨其平日習慣及好樂者念之，病人乃能相隨默念。……

應免除引磬小木魚，僅用音聲助念，最為妥當。或改為大鐘大磬大木魚，其聲宏壯，聞者能起肅敬之念，……此事必須預先向病人詳細問明，隨其所好而試行之。……

既已命終，最切要者，不可急忙移動。雖身染便穢，亦勿即為洗滌。必須經過八小時後，乃能浴身更衣。……命終前後，家人萬不可哭。……

殮衣宜用舊物，不用新者。其新衣應布施他人，能令亡者獲福。

不宜用好棺木，亦不宜做大墳。此等奢侈事，皆不利於亡人。

七七日內，欲延僧眾薦亡，以念佛為主。……家族亦應隨念。……

開弔時，宜用素齋，萬勿用葷，致殺害生命，大不利於亡人。

談神通與人通

日前，在幾位師友的閒談中，說到今日時局的緊張、人心的沉悶、人性的墮落，無不同聲悲嘆。其中有人以為，今日的佛教中若能出現幾位具有神通的大德，我們的社會人心，必將大大地改觀。筆者對此因有所感，而寫下這麼一篇文字，以便求正於諸位讀者師友之前。

所謂神通，在佛教的解釋，應該包括凡聖共有的五通及聖位獨具的六通在內。五通便是神足通、天眼通、天耳通、他心通和宿命通。這五通，外道凡夫都可以禪定的工夫修練得到；六通者，以此五通，再加一個漏盡通便成。也就是說，前五通的境界，在六道眾生之中，無論學佛與否，只要下了禪定的工夫，到了相當的程度之後，便可求得，所以上至天神，下迄人及畜生，都可能得到若干神奇之力，故在我們的歷史乃至當今的世界上，往往會產生一些神奇古怪的現象，尤其是在半開化或近乎原始型態的一些區域中。可是這在佛法來說，雖然承認它的存在，也可以證明它的存在，但卻不以為那是人生自救的最好出路。換言之，有了前五通，只能在三界生死之中顯顯本領，卻無法跳出生死的大海一步。正像小說《西遊記》中所寫的孫悟空一樣，他會七十二變，他能一個虎跳翻出十萬八千里，但總翻不出如來佛的手掌心去。眾生修行，非到第六漏盡通得著之後，才是真正地通出了三界生死的輪迴。以禪定的境界來說，那是到了四禪天以上的境界了，可是不修佛法，不依正法修行，無論如何也到不了這樣的境界。

說起神通，對我們總會產生若干嚮往的情緒，試想：如有一天，我能坐在家裡便可利用神足通的力量，在短短的時間之中，便能遊遍了整個的地球，甚至於整個的太空，不用噴射機及潛水艇等任何交通工具，要到哪裡，就到哪裡。最繁華的都市如紐約、芝加哥、華盛頓、倫敦、巴黎、羅馬、維也納……，最冷的北極，最熱的赤道；可以遊覽古木參天（最高的大樹達二百英尺）的原始森林，可以觀光撒哈拉大沙漠，也可以欣賞一番人煙滅絕、草木不生的南極景象。上至喜馬拉雅山頂看雪景，下到六英里以下最深的海洋深處跟水族們談心；再上到太陽系外的銀河系，乃至銀河系外的那些恆河沙數，運用現在最大的望遠鏡也望不到的宇宙群島或宇宙中的所有星球；下入地層之下的熔岩地心，既不會累，也沒有危險。我們不用無線電的收音傳真和電視等的機器，便可看盡世間所能被人看到的一些景物事象，如紐約的地下火車、北極海上的冰山、沙漠上的仙人掌、倫敦的大霧、夏威夷的火山、尼加拉大瀑布、埃及的金字塔，揚子江的三峽、桂林的山、黃山的花岡峰；火星上究竟有沒有人？太空其他星球上的風光又是如何？也可盡收眼底瞭如指掌。我可以利用天耳通，要聽什麼就是什麼，那時我可以不用長途電話，不用收發報機，不用派地下工作人員，要聽什麼人的談話，就聽什麼人的談話，任何國家的任何機密會議，我坐在家裡，比他們與會的人員，更為明白清楚。我也可以利用他心通，觀察所有跟我可能或已經發生各種關係的人的一切心理活動，一方面我可先發制人，凡是對我有所不利的念頭，當尚未形成事實之先，便向他提出有力的警告，否則的話，我也可以事先準備避難，以求減輕自己的損害或負擔。最妙的，我可運用宿命通，看看我過去的許多無窮生死以來，究竟曾變過一些什麼東西，是牛、馬、狗、豬、毛蟲、糞蛆，或者一向就是人；或是男、女，當過大官、強盜、乞丐、小販、軍人；或者我是剛從天上貶謫下來，那麼我曾住過哪些個天？有過多少天子、天女？享過多久的天福？同時我還可以看出其他的人們，哪些人曾做過我的父母？一共幾次？在什麼時候？哪些人曾是我的妻子、兒女、親戚、朋友和怨家對頭？那該多麼有趣。

正因為神通的妙用，有這麼大的天地，我們說來，也就真的神乎其神了。其實，所謂神通，真有如此地廣大嗎？那是並不盡然的，印度的外道，和非洲及澳洲半原始部落中的祭師，一千九百多年以前的猶太人耶穌，都能耍出幾套神通（其實說他們近乎魔術比較恰當些）來的，即連中國明代的大儒王陽明，他在尚未專事於儒家的理學之先，曾修過道，也曾有過類似神通的經驗，他當時能在家中知道有什麼人要來訪他。可是那些經驗的適應範圍是極其有限的，真所謂當方土地當方靈，範圍一大就摸不著邊際了。如像佛的大弟子目犍連那樣的神通，上天入地，自由自在，實在難得，但與佛陀比來，他又瞠乎其後了。然而，神通有用嗎？目犍連尊者為了要救釋迦族人的災難，便以神通的力量把五百個釋迦族人，裝在他的缽裡，托上天去，可是那五百個人，竟在他的缽裡全部化成了血水，並且連他自己本人，也是死於外道之手，被打得血肉模糊！可見，神通雖然可貴，卻也未必可靠。

本來神通是由禪定的工夫得來，但是禪在中國，成了中國佛教的最大支派之後，宗門的祖師卻絕少玩弄神通或追求神通的，相反地，宗門的祖師，都在教人做一個人，絕不主張教人變成神奇古怪的「神」，尤其中國的文化是人本主義的文化，禪宗又是一個因了中國文化的影響而形成的中國佛教，甚至還有人以為中國的禪宗，是藝術生活的宗教，所以由禪定而產生神通的門路，不為所取。同時，禪定可以產生神通，禪定卻不一定非要產生神通不可，如《禪法要解》上說：「行者得此第四禪，……欲得六通，求之亦易。」如果不求神通，也就不一定會有神通了。何況佛教主張因緣果報，一切的一切，皆由各自過去生中的業力牽引，而有現前的受報，未來的出路，也要靠著各自本身的努力，才會慢慢好轉，單憑神通是無濟於事的。所以在中國佛教史上，所謂「神僧」如佛圖澄等的地位，實不如道安、羅什、道生、慧遠、法顯、玄奘等來的顯著，前者的貢獻也遠不及後者之偉大。雖然利用神異能夠轟動一時，但其對於後代的影響，並不太大。否則的話，世尊成佛之後，可以不用說法，乾脆就用神通來救度眾生便是了，把所有的眾生，運用佛陀的神通，一個一個全部帶向佛國淨土，不就行了嗎？可是佛在人間應化之時，若非不得已，絕少用到神通的，佛陀全憑他的智慧及德行的感召，來教化眾生。所以佛教不講權威，只講因緣果報，這便是佛教異於其他宗教（如基督教等）的偉大之處，因為佛度眾生，只能勸導教化，不能如基督教所說的代人贖罪及赦人之罪。各自吃飯各人飽，佛陀只能教人吃飽或餵人飯吃，卻不能代人吃飽，真理之中，沒有便宜可討，想占便宜，到頭來吃虧的還是自己。正因為神通的不可靠，所以佛教傳來中國數千年，在中國佛教史上的中國佛教徒中，能以神通聞名者，實在不多，尤其不會受到正統佛教思想的重視。所以我們在今天而談神通，實屬多餘！

筆者沒有佛教的反動思想，但我以為，在今天而想來談神通或提倡神通，神通兩字，應有另外一種解釋才對。神是精神，也是人人皆有的心性，能夠把人人的心性，接通或貫通了人人的心性，就可稱為神通。其實，我們為了避免名詞的假借運用而引起觀念上的模糊不清起見，不妨將這一種神通，稱為「人通」好了，同時，我們也可以說，今日的人類社會，與其說是需要神通，倒不如說是需要人通，更為切乎實際。今日人類世界的危機四伏，殺氣騰騰，究其原委，豈不正因人與人間——個人與個人，各人的團體與團體，各人的社會與社會，各人的思想與思想，各人的國家與國家，各個國家集團與國家集團之間，重重相間，間間相隔，把整個的人類世界築起了許許多多的圍牆。每一個不論大小的單元，都被一圈無形而實存在著的圍牆深深封閉起來，而且個人有個人的圍牆，個人在一個社會團體中，又有各該社會團體的圍牆，例如國家的、民族的、政治的、宗教的、思想的……，一重重、一層層的，人在其中簡直像是走進了迷宮，但卻不是迷宮，而像封得緊緊的大鴿籠中裝著許多中鴿籠，中鴿籠中又有許多小鴿籠。如說今日世界的人口有二十六億，那麼我們之間的圍牆，又何止只有二十六億之數呢？人們，就在這一圍牆重重的狀態下，彼此猜忌，彼此懷疑，也彼此樹立矛盾和彼此製造紛爭，一些喪心病狂的人物，便在這一矛盾和紛爭之下，火中取栗，力求發展他們的野心，挑撥仇恨，發動戰爭！試問：我們處身其間，究竟如何是好？我可肯定地高聲回答：「人類的自救之路只有一條，要諒解、要接近、要接通；要人與人間接成一塊面，穿成一條線，通向一個點。」要不然，我們的人類文化，只有豎起腦袋，準備迎接所謂「世界末日」的命運了！

當然，我們人類的前途並不會真有那樣地可怕。人在人間，雖因種種私欲（包括所有的物質與精神的自私心理）的關係，將自己和他人間隔開了，而使其生活在自己的生活之中（我敢斷言，除了成了佛的眾生，所有一切三界的眾生，其身心方面的活動，絕對不會發現有兩個完全一樣）。但是，我人既然生在人間，一生出來，就要和他人發生關係，人之出生，必定有其父母，即使他是私生子，他也不能因為找不到父親，而就說是無父而生。出生以後，漸漸由父母的關係，而與他的家庭和家族發生關係，由家庭家族而到學校、鄉黨、社會、國家……，終於成了人類世界的一個成員。這在中國的儒家解釋，可用五倫概括一切：君臣、父子、夫婦、兄弟、朋友。人在人間，儘管絕多數人不做君臣（如今應解作官僚或部屬）、絕少數人不做夫妻或父母（獨身者如佛教比丘、比丘尼等），但總不能不做子女，不能不做兄弟和朋友（包括同事及師生）。人不能沒有父母而出生，人也不能沒有扶助或激勵者而成功與成名，人不能沒有廣大的群眾而成為聖人或賢人，同樣地，人也不能沒有芸芸的眾生而證到無上的佛境。通常說「一將功成萬骨枯」，將軍的勳章，多半是用敵人和自家士卒們的頭顱換來的，獨裁者的寶座是用他人民的背脊骨墊平的，不過他們感覺不出來罷了。

可見，人在人間生存，不能脫離人與人間的種種關係，人在人間做惡也在人間為善，人如離開人間的關係，就無法顯出人之善行與惡業（最低限度，不會有人知道，連他自己也不會知道，如他知道，必是受了人間的影響）。因此，我們可以證明，人與人之關係，雖因種種私欲或生活環境的影響，不能不有所間隔或距離的產生，但是人的本性則無不有所根連。正如中國儒家所說「人之初，性本善，性相近，習相遠」了；亦即佛教所說的一切眾生皆有佛性，迷即眾生，悟則成佛——這較儒家人性本善的範圍，又推廣深入多了。

有人說人類的愛，無不源於母愛的推展擴大。但是人類皆可能有過母愛（自然也有一些人是不曾有過的），能將母愛發為悲天憫人的大同情與大惻隱者，卻始終屬於極少數的聖賢心懷。比如凡是母親，除了反常的之外，對於子女不會不加以疼愛，可是能疼愛自己子女的母親，未必也能疼愛其他母親所生的子女，即使能有惻隱之心而予以疼愛，其程度或分量亦必為之減少。所以儒家要說：「親親而仁民，仁民而愛物。」仁心或愛心的開展，是層層向外擴張的，人間的隔閡，也是需要重重向外推倒衝破的。即如佛教，也常說到「日出先照高山」的譬喻，佛雖承認一切眾生之立足點的平等，可是站在同樣的地面看戲，高者總占便宜，矮者往往吃虧。不過人的同情，能夠由骨肉親友，而推至所有廣大的人群，並且念念不忘於廣大的人群者，他便是個聖人；將此同情擴大根連變成同體大悲，而及於一切的眾生者，便是佛菩薩的境界了。菩薩視眾生的病痛，如菩薩自己的病痛，眾生有病痛，菩薩不能沒有病痛；眾生雖有不知菩薩之為其病痛，菩薩則從不因為眾生之無知，便放棄病痛的感覺，放棄救度的責任。正像中國人所說「水流下不流上」的母子之道，母親愛子女，不是為了任何目的，乃是為了母愛的天性，也是母親天然的責任。可見，佛教才真正能把人類的母愛，推得最廣最深的一種偉大思想。

人在逗著幼兒玩笑的時候，最能體味到天真的心境；人在觀看一幕悲劇戲的時候，最能引起內心的同情；人在靜聽一篇悲憤激動的演講之時，最能產生心聲的共鳴；人在罪行之後的失意之時，最能發現自己的良心。事實上，這些「天真」、「同情」、「共鳴」和「良心」等等，只是人類共有的一個通性而已，這一通性可以貫通所有的人性，也能貫通一切眾生的本性。我人如能將這通性，時時處處，念念不忘地，向四方八面通出去，每人都以自己做為通的基點或中心，通向各自的家庭、親友、社會、群眾、民族團體，乃至世界所有的白種、黃種、紅種、黑種和雜種的一切人類。那麼，我們的世界，紅種、黑種（這一次序的排列是無意義的）和混血的雜種，不論開化的、野蠻的，也不分什麼宗教、何種政治，一視同仁。因為人類之中，除了地理環境、教育水準和外表膚色的不同，內在生理組織及心理動向，則幾乎完全一樣，正像高貴的紳士、威武的將軍、清寒的書生和貧苦的小販，如果一旦使他們脫去所有的裝束，而進入一個共同的浴池之時，除了肥瘦高矮的不同之外，誰也都是一樣的一個人形而已。如能將此觀念推深一層，人與下等動物，除了類別和型態的不同，人有生死，動物也有生死，人無不愛惜自己的生命，動物豈能例外？人之異於下等動物的可貴之處，是在人有智慧，由智慧而發出廣大的同情，如果人而不能認清這點，而不能予下等動物於平等的同情，人與下等動物，除去形貌之外，又有什麼不同？其實，如果人能一往直前大公無私地去愛人，這一愛的範圍，必然能夠推己及人而及於物的，如孔子講仁，所以主張「釣而不綱，弋不射宿」，孟子講惻隱之心而會「見其生不忍見其死，聞其聲不忍食其肉」。

不過儒家的觀念因過重於人生境界，所以這一仁或惻隱之心的開展，未能如佛教那樣地達於無極無限的境界。但是，我們這一世界的人類，如能人人推展這一人類共有的通性，而接通所有的人群，那麼，我們的這個世界，雖不能拿去跟阿彌陀佛的極樂國土相比，但比柏拉圖的共和國、摩爾的烏托邦，甚至基督徒奧古斯丁的上帝城，要高明可愛得多了。

然而不幸得很，秦始皇怕死，所以派人乘船去蓬萊仙島求取長生不老之藥，可是他就不知道除他之外，人人都會愛惜自己的生命，而用嚴刑峻法的暴政，施之於他的人民！西楚霸王項羽，當其被劉邦追殺而退至烏江渡口之時，他知道當初帶領八千子弟兵渡江而西攻秦，此刻竟無一人隨從而還，所以無顏去見江東父老，而獨自有愧於心；但他先在接受秦軍投降之後，為了除去後顧之憂，竟將秦軍二十萬人，乘其不備而於深夜全部活埋之時，項羽倒沒有慚愧之心了！拿破崙進攻帝俄莫斯科的途中，他的皇后因為新產一子，特別派人將嬰兒的畫像送交拿破崙看的時候，拿破崙說：「這是未來的世界之主。」但他不曾想到，除他之外，也有其他的人想使自己的兒子成為世界之主哩！何以只為自己打算而不肯替他人著想呢？日本軍閥侵略中國的目的，是想將他國內日益膨脹的人口，向中國大陸開闢更多的糧食與各種資源的庫房，所以日本「皇軍」，要殺中國人（如南京大屠殺）而救活日本人，但是東條英機等的頭腦中就沒有想到，日本人要求得更好的生活，中國人也要生活的呀！難道日本人是人，中國人就不是人嗎？馬克思在他的孩子死去的時候，哀慟不能自已，但他主張階級鬥爭，就不知道被鬥爭的對象，必定也是人子與人父了。

尼祿王（羅馬的天才昏君）及十八世紀以前西方某些宗教領袖以及希特勒、莫索里尼、東條英機、史達林、赫魯雪夫、秦始皇、張獻忠、李自成等造成人類大浩劫的人，他們無不以為自己是個能幹的偉人，可惜他們是一群迷失了人性，反把他人看作非人的「偉人」。事實上，他們之可惡，也只在於他們所做罪行的可惡，如能恢復了人性，把人性伸張出來，豈不還是一個好人？糟糕的是，他們那罪行的包袱太大太重，所謂「一失足成千古恨」，一時一世乃至百千萬世之中，無法挽回或償清這一重大的債務罷了！然而，人類之中，每逢出現一個或若干個迷失了全部的人性而成為喪心病狂的人物之時，整個的人類便要受到一次災難、一次浩劫；人之墮落而成喪心病狂，其本身固屬一大悲哀與一大創痛，人類之為其所害、受其劫難，尤其是一大悲哀與一大創痛！若想避免此等悲哀與創痛，唯有人人各自發揚人的通性，並且幫助人人發揚人的通性；使自己通向人人而自感成為人人的化身，人人亦通向自己而教人人亦成為自己的化身。

近代佛教大思想家太虛大師，曾有一句「人成佛即成」的名言，可以藉此證明，成佛必須先從自救與救人做起。若要自救救人，又必須先來認識人生，肯定人性，並將這一人性做縱橫面地通達出去，而使自己成為一個悲天憫人而接近於完人的人（在人類之中除了成佛，不會有真正的完人），那離成佛，也將不會遠了。所以筆者要說：「今日的人類社會，與其說是需要神通，倒不如說是需要人通，更為切乎實際。」

（一九五九年一月，刊於《人生》雜誌十一卷一期）

理想的社會

現實的社會再好，但總不能沒有黑暗與恐怖的一面，現實的人生再美，卻也不會沒有罪惡與痛苦的存在。唯有對於現實的社會不夠滿足，才會促進理想的追求，只有對於現實的人生發生了懷疑，才會驅使美化的創作。事實上，這種理想的追求與美化的創造，也就是我們人類思想的特徵，如果既然生而為人，卻仍沒有這種特殊的精神活動者，那他便是一個值得同情的可憐蟲！

我們常常可以聽到人家說，理想的社會或理想的世界，並以為凡稱之為理想的社會，一定是最完美而又最快樂的世界，因為人們每談起理想世界，總喜歡將基督教的天國或上帝城（The City of God），西方哲學家摩爾（Sir Thomas More，西元一四七八——一五三五年）的烏托邦（Utopia），中國《小戴禮記》

中所載的〈禮運大同篇〉，和佛教淨土經中的西方極樂世界混為一談。其實，他們的境界，根本不同，而且相差很遠。現在讓我們約略地介紹出來，比較一下，究竟哪一種理想社會，比較更為可愛些。

第一，基督教的理想社會：一般不明白基督教真相的人，總以為天國是基督教的最後境界，其實不然，天國不過是基督教的轉運站，或者是避難所，天國雖然可愛，但其為時並不長久。耶穌在《約翰福音》第三章第十六節中說：「神愛世人，甚至將神的獨生子賜給他們，使得信他的人不致滅亡，反得永生。」這是說人類因為祖先犯了罪（係指亞當與夏娃的偷吃蘋果），所以我們的血液中，也在流著原祖先人罪惡遺傳的毒素，如果不是耶穌（上帝）放下來被人釘死十字架上，用耶穌的血來代替世人贖罪，世人便永無超生的希望。但是耶穌的死，只是代替信仰上帝的人們贖罪，信了上帝的人，死後可以等待機會進入天國，至於不信上帝的人們，死後便是地獄旅程的開始；同時，依照基督教「特選」的原則，即使信了上帝的人，如果不為上帝所愛，仍然進不了上帝的天國。所以基督教對人間社會的看法是非常可怕的，他們以為魔鬼與上帝是永遠對立的，人間始終有一半人民受著魔鬼的誘惑與統治。上帝為了戰勝魔鬼，便安排了一個「世界末日」的遠景，世界末日的開始，也就是耶穌再來人間的時候，耶穌再來的任務，一是為了那些信仰他的人——將死在墳墓裡的，全部喚醒，活著的人，全部救出，由天使帶他們進入天國；一是為了殺戮那些不信仰上帝的人們，發動大地震，掀起大水災，降下大冰雹，將整個的地球全部翻身，一切的生物全部毀滅，使得那些他所討厭的人，生活在死寂的狀態中。然後他便回到天國，與那些被他接去的信徒們，共同生活一千年。一千年之後，靜極思動，耶穌（即是上帝）便又帶著他所統治的子民，來到地球，在耶路撒冷建築一個上帝的城市，人民自己造屋，各人勞動耕種，人人都信上帝，上帝就統治他們。上帝並且又把那些魔鬼和被魔鬼誘惑的人們，再度從靜寂不堪的死牢裡放出來，上帝的城市，也就再度受到魔鬼的攻擊，但上帝最後卻戰勝了魔鬼，而將他們全部逮捕，加以審判，判決之後，便永遠關進煉獄，稱為「永火」，被選的子民，則稱為「永生」。從此，上帝的城市便不再有戰爭和罪惡事件的發生了，上帝的子民，也不會擔心有死的可怕了。但是，耶穌沒有想到，我們所住的地球，既有它的出現，必定也有它徹底瓦解的一天，這個瓦解的時日，距離我們雖是一個天文數字，然到地球在太空中發生變化而造成毀滅的那天，上帝的城市，又向何處遷移？可見基督教的理想社會並不能永久常存。其次，耶穌也忽略了地球的氣候環境，地球上有熱與冷的痛苦，在地球的氣候狀態下，必定也會有疾病細菌的繁殖，所以上帝的子民不能擔保不害病。再說，在上帝的國度中，還要人民去勞動服務，造屋與耕種，豈不又有勞苦的感覺？最不合理的是上帝的翦除異己而違背了人性，魔鬼雖然可惡，但是受了魔鬼誘惑的大眾是無辜的，只要誘導得法，當了土匪的人，未嘗不能改邪歸正，比如一群羔羊被惡人騙走，我們只能說惡人的可惡，總不能遷怒於羔羊吧？因此，上帝理想國的基礎是築建在不平等的觀念上的。餘如上帝的城市是永恆的，上帝的地獄也是永恆的，這也說明了上帝的理想社會，是在永久不能統一的對立狀態下形成的。

事實上，基督教的理想社會，只是向牛角尖裡找出路罷了。這是猶太民族的思想路線，同時也是徹底錯誤的思想路線，基督教吸收以後，做為教理的經緯，共產主義的馬克思吸收以後，則成為其社會主義的原則。其兩者對照，英人羅素為之列表如下：

耶和華上帝	辯證唯物論
救世主	馬克思
特選人士	無產階級
教會	共產黨
基督再來	暴力革命
地獄	資本主義者的受懲
基督千年統治	共產社會

我們無意攻擊基督教的教義，但是本質不夠健全，路線不夠正確，為之奈何！

第二，摩爾的理想社會——烏托邦：《烏托邦》是摩爾所寫的一本書名，其中描寫一個叫作希斯羅得的水手，在北半球一個島上的所見所聞，這個島上的社會情態，有點像柏拉圖的「共和國」（Republic）也有點像「大同社會」，現在且從羅素的《西方哲學史》上，抄錄幾段在下面：

「烏托邦中，有五十四個市鎮，都是地位一樣，只有一個算是首都，……所有私人住宅，都是一律，……門不設鎖，人人隨時都可進去，……每十年，人民變更住宅一次，使得民眾不會發生房屋私有的觀念。……在鄉村，有田莊，每一田莊，不下四十人，包括兩名奴僕。……工作時所穿的是皮革或獸皮，一套可穿七年……每家自己製衣。」

烏托邦中人民的日常生活是：「每人每日工作六小時，午前三小時，午後三小時，夜晚八時大家就寢，睡眠八小時，每晨，大家都去聽演講，晚飯後則遊戲一小時。」

他們「在家裡用膳是允許的，但多數人都情願在公共食堂會餐。」

「其中也有對外貿易，意在得鐵。……男女都要學習打仗，……他們可以僱用傭兵。……奴僕是犯了大罪的人而所受到的譴責者，或外國人因逃亡而被役使於烏托邦中者。……在他們之中，有許多宗教，而互相容忍。如有病人而不能治好時，則勸病人自殺。」

在這本書中，主要是在歌頌共產的優點，但是依照上面所摘錄的幾段內容看來，所謂理想，也只是徒有其名而已，甚至還不如陶淵明的世外桃源來得美麗，最多也只是儒家理想大同社會的初步實行。在烏托邦中有奴僕，這可以說是西方思想的特徵之一，即使在基督教的信念中，耶穌的信徒也不過是上帝的一名奴僕而已。在烏托邦中，也會和外邦發生戰爭，可見烏托邦本身雖然安靜，但是它的環境卻不能保證為絕對的安全。而且烏托邦的和平，也僅是世界上的一個局部現象，所以離開中國主張的「大同世界」還差得遠。其實，烏托邦的形成，不過是古希臘市府政治的一個美化，卻談不上是人間的理想社會。所以我們可以肯定地說，大多數的人們，對於烏托邦的實際情況是不夠了解的。

第三，大同世界的理想社會：大同世界是中國正統思想的最後境界，也是中山先生三民主義的最終目標，這在世間法中，直到目前為止，要算是最完美，也最可能做到的一種理想社會了。雖然〈禮運大同篇〉的前半段，中國國民多半已經熟悉，但是為了便利分析起見，筆者仍舊將它摘錄出來：

大道之行也，天下為公，選賢與能，講信修睦，故人不獨親其親，不獨子其子。使老有所終，壯有所用，幼有所長，鰥寡孤獨廢疾者，皆有所養。

男有分，女有歸。貨惡其棄於地也，不必藏於己。力惡其不出於身也，不必為己。是故謀閉而不興，盜竊亂賊而不作，故外戶而不閉，是謂大同。……

我們從這裡可以看出，「天下為公」要比烏托邦的僻居一個小島，而有強鄰壓境的危險，安全得多，也美滿得多。「選賢與能」要比上帝之城的獨裁統治，民主得多。「不獨親其親，不獨子其子」，要比耶穌基督的「特選」方式或只愛信徒的態度，博愛得多，也偉大得多。「盜竊亂賊而不作」，要比烏托邦中人人都學打仗，時時準備作戰，安定得多了。由此可以證明，中國人的理想社會，要比西方人的設計，前進多了。但是，這是人間世的終極點，所以仍不能發揮人生的超越性和最高性，人間的社會再美滿、再理想，終也不能超脫生死和成壞的界限。如〈禮運大同篇〉所說：「使老有所終。」人生的終點，便是死亡的起點，如果只講求現實的安樂，而不追求死後的慰藉，那麼對於我們短短數十年的生命，豈不感到悲哀和空虛？再說，在我們這個現實的世界裡，「鰥寡孤獨」和「廢疾者」的痛苦，也不是我們用人力可以避免或補救的。何況，我們這個地球世界，在天文學中的地位也極渺小，其壽命數目之大，雖屬天文單位，但卻不能保證它的永不毀滅。所以，大同世界的理想社會雖好，那也只是理想社會中的一個過程，成者就是佛國淨土的一個階段。

第四，佛教的理想社會——佛國或者是淨土：在佛經中告訴我們，諸佛的國土，數量很多，但是最為我人嚮往的，只有兩個：一個是西方的彌陀淨土，一個是兜率天的彌勒淨土。東晉釋道安發願上生彌勒淨土，盧山釋慧遠立誓往生彌陀淨土。往生西方的目的是花開見佛，享受淨土的樂趣，並可超脫三界輪迴，永不沉入生死苦海。往生兜率內院的目的，則在發菩提心，預備乘願再來，度盡苦海眾生。根據理想，彌陀淨土與彌勒淨土，本質沒有兩樣，依照現實，則出世與入世，兩者稍有差別，所以近世高僧，如太虛大師等，都願往生兜率內院，而表明佛教救世精神之偉大。

但是世間淺見人士，都以為佛教的人生，過於消極，因為學佛的最後目的是在超脫三界，離開這個世界，而不是來努力於這個世界的建設。事實上，離開這個世界是學佛的目的，建設這個世界才是學佛的手段。中山先生將建設一詞，分為心理建設、物質建設、社會建設和政治建設四類，並以心理建設為四大建設之首，那麼佛教的建設也是著重於心理建設方面的，並且是屬於純粹的和平建設。國家建設的目的，不外乎家給戶足，國富兵強，擴大至世界，則為大同理想的實現。

佛教的教化，是在使得人人各安本分，不但「諸惡莫作」而且「眾善奉行」，凡是有害於一切眾生的事情，佛教徒不會去做，凡是有益於大眾福利的，佛教徒則「從善如流」。如果世界上的人類全都成了「依教奉行」的佛教徒，不但人類可以和平相處，即使所有的動物，也都受著人的保護了。那時候不比「大同」更好嗎？可見佛教建設的路線，與儒家的遠景，是「殊途而同歸」的。不過佛教並不以「大同」的景象，為建設的終站，在此之後，還有更大的遠景，那就是斷煩惱、出三界、離生死，不但自己要離開三界的生死輪迴，更希望所有的眾生，都能跳出生死的苦海，所以佛家有「地獄未空，誓不成佛」的弘願。

也許有人要說，這個世界雖然不如理想，總比連空氣都沒有的星球好得多。這話不錯，但是，佛經說「三界」猶如「火宅」，凡為有形相的世界，都不值得留戀，一切萬物，包括所有太空的星球，無時不在生滅變幻。至於人類，會病會老也會死，只有離開這個「火宅」，我們才會長生不老。也許又有人說，如果我們個個信佛，個個往生佛國，我們的地球，豈不變成闃無人煙的死星球了？是的，我們希望這樣，我們希望所有的眾生，個個成佛。人們貪戀於世間的五欲，好像一群野狗搶吃一具死屍，人類雖覺噁心不堪，群狗還以為是絕佳的美味，這實在是愚蠢所致的悲哀！我們如能早日離開地球，豈不比等到地球毀滅時，接受自然的分裂更為好些？

在此，必須加以區別說明者：以上四種理想社會，就其本質而言，「烏托邦」是「大同」的孕育；基督教的「上帝城」是「大同」的反叛；佛教的「淨土」是「大同」的超越。就其方法來說，摩爾的「烏托邦」是以「共產」做為手段；基督教的「耶穌再來」，是以「暴力」造成革命；儒家的「大同世界」，是以「人類互助」做為步驟；佛教的「淨土」，則以「慈悲喜捨」用來接引。同時，除了佛教之外，其他三種，誰也不能做到永存不滅的地步，誰也不能擺脫生死老病的痛苦，所以除了佛教的淨土，誰也不能稱為最高最後而又最為完美的理想社會了。

（一九五七年八月，刊於《人生》雜誌九卷八期）

美麗的未來境界

「未來」這個名詞是很空洞的，也是難懂的，不過「未來究竟怎麼樣」？卻是人人願意而且急待知道的一個問題。尤其在本年（一九五七）十月四日，蘇俄宣布發射了第一顆人造衛星之後，太空旅行的幻想，即將可能實現；同時，戰爭的方式和區域也就進入了更殘酷更廣大的飛彈階段。因此，天真的商人，已經開始火星地產的買賣，據報載，截至十月七日的晚上，日本已有一百個商人，在搶購火星的地產；另一方面，基督徒們卻因戰爭的恐怖和威脅，便喊出了「世界末日」快要降臨的「福音」！那麼，我們的未來究竟怎麼樣呢？且讓我們根據歷史的演變，科學的證明，以及佛法的解釋，做為研討和探測的資料，寫出下面這篇綜合式的文字。現在我們將這一個主題，分作兩個方向來研究。

一、世界將往哪裡去？

當地質學和人類學尚未發達之前，歐洲人根據基督教《舊約．創世記》的推算，宇宙的形成，是西元前四千年左右，並且在「基督千年統治」的預言中，知道世界末日，是在西元後的十個世紀，直到現在為止，基督徒們，還在高喊著「耶穌近了，正在門口，只是還有一步」，便是「他駕雲降臨」，毀滅這個世界，拯救基督信徒的時候。他們並且說：「在有文字記載的三千五百年的歷史中，戰爭的時候竟超過了三千一百五十年。」尤其是新近的戰爭，動輒是氫彈和飛彈，世界大戰的危機，隨時都有爆發的可能，同時，在前一次大戰尚未結束之時，後一次大戰卻已業在醞釀之中。所以基督徒們一口咬定，世界末日離我們不遠了，最可笑的是基督徒的幸災樂禍，每遇大地震、大冰雹、大旱災、大水災，以及火山的爆發、戰爭的發動，他們都以為這是《聖經》預言的徵驗，也是世界末日的預兆。但是我卻要說：基督徒們！努力為我們的社會奮鬥下去罷！不要杞人憂天。因為我們有下面的理由，能將基督教的看法重新認定。

先講中國的神話，中國人相傳，盤古開天地，盤古壽長一萬八千歲，盤古死後，有天、地、人三皇，天皇、地皇各約十二人，每人各有一萬八千歲，人皇九人，共四萬五千六百歲。就是說，自盤古開始到三皇終了的年代，共約四十九萬五千六百年。我們雖不知道由人皇的末世到黃帝的年代是多少，但是黃帝的年代，則相當於西元前的二千六百多年。從這個年代的計算，再看到近代地質學上的發現。據研究，人類的舊石器時代，約在西元前五十萬年到一萬年之間；又據近代發現的「北京人」或「山頂洞人」，與我們的距離，也在四、五十萬年以前；再依照地質學家的報告，地球上第一次的所謂「冰河時代」，也在五十五萬年前左右。這些資料，便告訴了我們，中國人的神話，遠較西方人又更接近科學。

說到這裡，我們可以「言歸正傳」了。世界的過去，雖從考古學的地下挖掘中，得到一些史前文化的蛛絲馬跡，但總非常有限，至於世界的未來，我們也像沒有羅盤的水手，漂流在浩瀚的大海中，不知何處是陸地的歸宿。所以在世人的思想中，人生是一個謎，世界也未嘗不是一個謎。不過，我們雖然無法揭開這個謎底，最低限度，也該明白這個謎的大概情形，否則，我們的生活，我們的社會，豈不變成一個無聊和愚蠢的綜合了。

能夠將過去與未來，解釋得比較清楚的，除了佛法的因緣和因果，實在找不到更好的方法。佛法講因緣，也講過去、現在與未來，但在因緣法則中，沒有開始，也沒有結束，地球——我們的世界，雖有它的成長和毀滅，但它沒有老子所說的「太初」或基督教所說的「創世」，也沒有「物極必反」或「世界末日」。地球（或任何一個星球）的形成，是由於許多游離元素的聚集，並非來自任何神的創造；地球的崩潰，乃是各種物質元素的解散，並不等於全部的消失。一切的生滅現象，在時間上是因與果的永遠延續，在空間上是因與緣的聚散流轉。所以我們對於世界的形成，不必感謝「神」的「恩典」，對於世界的散壞，也不必抱有恐怖的心理。地球，只是我們無窮的生命旅程中的一個旅館，除了地球，我們還有無量數的世界可住。因為，當我們的地球毀壞之後，太空之中，也許又有一個「新世界」的發現或出現。不過，我們的壽命很短，世界的年齡卻很長，人類有歷史到現在，不過四、五千年，地球形成到目前，卻不知多少億萬年了，況且地質學家告訴我們，地球的年齡還輕得很哩！要等到地球旋轉的速度減低，地面的空氣逃脫，地殼的組織鬆弛瓦解，那真不知還有多少萬個億萬萬年了，至於地球會不會跟其他的星球相撞，照天文學家的判斷，太空的星球，除了很小很小的流星之外，都各有各的軌道，誰也不會侵犯到誰，唯有彗星（或稱掃帚星）是比較不規則的，但它要和地球碰上一次，實在比中愛國獎券的機會還要難到不知幾千百倍。何況彗星的星體，是一種極其稀薄的空氣（比地面空氣密度還小二十三萬倍）集團，萬一它和地球接吻，也不致造成世界的末日。

再說時局的演變，和戰亂的結果，是不是也會造成世界的末日，並且有人預言，將來的戰爭，可能以月球為發射火箭的中心，發射的目標則以地球的任何一個大洲，為爆炸毀滅的範圍，控制火器的方法，乃用按鈕操縱的無線電波。照這樣說來，只要登陸月球的試驗成功，我們的地球便會面臨死亡了。其實，這些假想，完全是出於懦夫的白日見鬼，我們知道，野心家的侵略，無非是在奪取更多的資源和奴役更多的人口，如果這一個集團，將另一個集團徹底消滅以後，他們所得的是什麼呢？如果將地球搗毀了，他們又準備往哪裡疏散呢？太空的星球雖多，但有的離我們太遠，有的卻不適合於此一世界人類的生存。太陽系中的行星，月球離地球最近，但據天文學家研究結果，月球上沒有生物沒有水，連空氣都成問題，至於火星，由光譜的觀測，知道火星的氧氣少於地球的百分之一，水蒸氣少過地球的百分之五，已不是動物生存的環境了。再說如果人類能夠控制太陽系或銀河系乃至整個的太空，那又何必單在地球上戰爭？其實這也是多餘的想法。

由於這點理由，我們可以肯定地說，戰爭不會毀滅地球。然而，另外又有人說，現在全球的人口為二十六億左右，據推算，到五十年以後的中國人口，就有二十六億之多了，那時候，糧食豈不成了問題，糧荒的結果，豈不又是戰爭的導火線？戰爭的目的豈不是在減少人口的大多數？這種悲觀的推測，簡直令人膽寒心悸，因為由於人口和糧食的等差之中，人類未來的歷史，實在是悲慘世界的寫照！如果真的如此，我們對於目前的和平，根本就不用爭取了。其實這是十九世紀英國人馬爾薩斯人口論的翻版，馬氏曾說，世界之糧食以算術級數增加，而人口之繁殖則以幾何級數增加，並料定那些沒有飯吃的人們，必在大自然的筵席中退位，然而，事實並不如此。因為他們就沒有想到，人類的社會是進化的，人類的發明也是日新月異的，尤其是人類的發明，並不全部由於戰爭的刺激，如養蠶繅絲的發明、蒸汽機的初創等等，都是進化過程中的自然發展，那麼到了五十年以後的人類，就不能想出更好的方法來生產糧食嗎？要不然，大同世界的理想社會，豈不成了莫須有的空想或夢想了？現在且讓我們根據佛法的原則，看看地球世界的遠景。

人們不了解佛法，總認為佛法是消極悲觀和厭世的，如胡適先生所說：「因為厭惡現社會，故懸想那些無量壽，無量光的淨土。」但是梁啟超先生的見解就比較深入了，他說：「夫佛教本非厭世教也，然信仰佛教者，什九皆以厭世為動機。」這句話說得非常中肯，但也說明了佛教後天的不幸！佛法本身，乃是積極救世的宗教，尤其還是鼓勵人生美化，啟發社會創造的宗教。因為學佛的主要宗旨，是在「佛道無上誓願成」、「眾生無邊誓願度」，佛法中有兩句很著名的話：「心佛眾生，三無差別。」這是說我們的心，和佛和眾生，都是平等的，因此才會引起「無緣」之「大慈」、「同體」之「大悲」的菩薩（救世）精神。同時，佛法雖以「人生是苦」教化世人，然又歌頌「人身難得」讚揚人生的可愛，因為佛經上說「三世一切諸佛」，都是由人的境界，證得佛道的。所以佛法絕不厭惡現實的人生社會，並且還將現實的世界，給予無限的希望。佛經上說，世尊牟尼以後，第二個在地球上成佛的，還有兜率內院的彌勒菩薩，彌勒菩薩在內院中住滿四千歲（約人間的五十七億六百萬年），這在佛教來說，是絕對可靠的，也是絕對真實的。相傳當釋迦世尊入滅以後，十大弟子中頭陀（苦行）第一的迦葉尊者，便拿著世尊的衣，到雞足山中入定，等待彌勒下生，親自將釋迦的衣交給彌勒，可見佛教對於地球的壽命，有著多麼堅定的信心了。

再說，佛教對於地球世界的遠景，也是非常樂觀的。佛經上說，當彌勒菩薩下生人間的時候，我們的世界，早已有了永久的和平，並且人口眾多，財富無量，沒有煩惱也沒有困難。那時候的人類之中，絕大部分都已信仰佛法，那是一個人間淨土的實現。可見，佛教對於世界的前途，並不像基督教那樣的悲觀和恐怖了，而且這也是可能的展望，更是合理的憧憬。筆者以為：近代的世界，雖然時常受著戰爭的威脅，但是人類生命的安全，遠較古代有了保障，例如醫藥的進步、民主憲法和人權的尊嚴，都可說明現代文明的可愛；近代的世界，雖有民主和極權兩大集團的對峙，但是除了政治性的不合作以外，文化和經濟的交流，早已進入了「天下一家」的預備階段，如果政治性的摩擦，一旦求得解決，世界的永久和平，還會不實現嗎？中山先生說，人類社會的生存發展，是在於彼此的互助合作，特別認為人類之間的矛盾是暫時的病態，統一的和平才是永久的局面。所以中山先生深信「大同世界」的真實性，這與佛教的理想，頗為相近，因為佛教主張：「一切眾生皆有佛性。」如果到達人人都信佛教，個個都是「八正道」（正見、正思惟、正語、正業、正命、正精進、正念、正定）的實行者的時候，那不就是人間的淨土嗎？那時候，大家都能集中力量於教育生產和建設方面，科學的發展，社會的安定，人間的富足，可想而知了。如果有人說，要使人人信教，那該多麼困難？但請不要著急，我們的時代，離開彌勒佛出世，還有五十七億六百萬年哩！因為時間太長，所以佛教徒們，每每祝願彌勒佛早日下生。我們知道，釋迦世尊到現在，不過是二千五百年的光景，正信的佛教徒，卻已占了世界人口相當大的比率。所以我們可以肯定地下一個結論：地球是會有一天要毀滅的，但在地球毀滅之前的若干億萬年，大同世界或人間淨土，卻早已實現了。至於地球毀滅以後的人類世界，又是怎樣？那是下面的一個問題了。

二、人生何處是歸宿？

「人生何處是歸宿？」這是一個哲學問題，也是一個宗教問題，不過，能把這個問題解答清楚的哲學和宗教，卻並不多。西方哲學，偏重於自然物理的探索，所以對人生問題，沒有把握。有一位西方哲學家，把人生比作一個人走在一條山谷間的狹長的橋上，前面看不到盡頭，後面見不到起點，上下也莫測高深，好像在五里霧中，什麼也不知道。像這樣迷糊與昏沉而恐懼的描寫，的確也說出了多數人的感觸，但是，他們卻沒有得到這個問題的答案。至於西方的宗教——基督教，雖說人生的前面擺著兩條路，不是信了基督，進天國（永生），便是不信基督，下地獄（永死），然而他們卻無法將這問題，求得合理的解決。比如剛出世的嬰兒，是無知的，是無信仰可言的，為什麼也要下地獄？再如沒有聽過耶穌福音的人，如蘇格拉底、亞里斯多德，中國的堯舜孔孟，為什麼也要和暴君尼祿，流寇黃巢乃至所有的頑臣賊子，受著同樣的懲罰，一律都下地獄，這豈不是好歹不分的有失公平？再說中國的儒家，是東方思想的代表之一，儒家是以研究人生哲學著稱的，但他們只限於人本主義的倫理範圍，出生是人生的開始，死亡便是人生的結束，生前死後究竟怎麼樣，孔子則說「未知生，焉知死」了。中國人雖然幻想著有個「泉下」的境界，但那只是幻想而已，因為誰也沒有去過「泉下」的經驗，所以對死後的問題，儒家是存而不論的。

儘管人生的問題得不到明確的答案，人們卻從來沒有把它忽略過；相反地，儘管人們如何地研究推敲，也不會找到有力的說明。曾有人這樣問過胡適先生：「人生在世，究竟是為什麼的？」胡適的回答是：「現在的人最怕的是有人問他這個問題，得意的人聽著這個問題就要掃興，不得意的人想著這個問題就要發狂。」為什麼要掃興、要發狂？因為大家不知道究竟為什麼，即使胡適本人，也是一樣。古人說「久旱逢甘霖，他鄉遇故知，洞房花燭夜，金榜題名時」，是人生的四大賞心樂事，可是一讀到「流水落花春去也，天上人間」的時候，又不難聯想到「人有悲歡離合，月有陰晴圓缺」的詞句了。所以每當人們想到生與死的問題時，便會無可奈何地感慨萬千，像曹孟德這樣的英雄人物，還會吟出「對酒當歌，人生幾何」的詩句來。有人說人生是個謎、是個夢，也有人說人生是一杯苦酒，正因為人生受了生的限制和死的威脅，才會造成人類思想的兩種極端：有些人以為人生有一死，死了就完了，所以在未死之前，應該不顧一切地為所欲為，也不妨「今日有酒今日醉」地麻醉一番；有些人則以人生數十年，僅如過眼雲煙，與其發憤圖強，倒不如退隱林泉，來得清淨。中國還有一派道教的思想，他們因為怕死，所以研求長生不老之術，但是失敗了。其實，這種思想對嗎？當然不對。筆者是佛教徒，所以我想把佛教的人生觀介紹出來，給讀者們做一個參考。筆者在前面引過梁啟超先生的一句話，他說：「佛教本非厭世教也。」佛教為什麼不厭世？請讓我們慢慢討論。

基督教的思想和中國的傳統，雖然出入很大，但有一點是，基督教說人類的罪惡，是由於人類共同祖先亞當和夏娃的遺傳，中國人則說：「積善之家，必有餘慶，積不善之家，必有餘殃。」同樣是承認禍福可以遺傳。我們也往往可以聽到這樣的咒詛：「缺德的傢伙，你不怕絕子絕孫？」可見，中國人對於人生的歸宿，是寄望於後代的子孫，這一點卻與基督教的永生和永死不同了。然而當人們唱出「兒孫自有兒孫福」的論調之後，中國人的道德基礎，卻又發生了動搖的危險。

佛教對於人生的看法，就不同了，佛教的根本思想，離不了「因緣」和

「因果」的原則，以因緣解釋空間宇宙的聚散成壞，也以因緣解釋人生社會的關係；以因果說明時間延續的演變，也以因果說明人生來去的方式。人生，乃至所有一切眾生，在宇宙間，沒有一樣是單獨存在的，一個人的生存，必然要受他人的影響，同時也會影響他人，這種影響他人，這種影響的關係，在佛法中講，便是緣。個人的存在，是「因」，外在的影響，是「緣」。個人的「因」，比如是種子，社會的「緣」，就如陽光、空氣、土地和水分。如果只有個人，不要群眾，他就不會變成偉人或聖人了。偉人、聖人乃至成佛，在他個人當然是成功了，但是在他同一社會中的群眾，也不能說毫無功績。中國有一句俚語「花花轎子人抬人」，便是這種情調的襯托，佛之所以能夠成佛，因為他在無量無數的生死過程中，發菩提心，廣度一切眾生，如果沒有廣大的群眾，做為救濟教化的對象，也就不可能有佛菩薩的出現了。

講到這裡，我們要解答幾個問題了：

第一，人死之後，也就是另一次生的開始：人的生死，如同我們搬家，當舊的軀殼解脫的時候，另一個新的住宅，已經在那裡準備好了，新住宅的等級高下，但看我們前一生的投資，做為決定的標準。什麼叫作前一生的投資？

那就是我們給社會人群的貢獻，究竟是多？是少？或是透支？其中沒有什麼神祕，也不用經過任何神的審判，只是隨著各人自己深刻在意識中的印象（佛教稱為業力），主宰著各自未來世的命運。

第二，不信宗教，不一定就下地獄：這在其他宗教來說，是不可能的，特別是基督教。在基督教中，別說不信基督要下地獄，信了基督的，如果不蒙上帝的照顧，同樣也得下地獄。真正的基督徒，也不像一般以信教為飯碗的人們，專門以廉價傾銷的口號，做為收買信徒的手段，說什麼凡信耶穌，即使再大的罪惡，也會得救。其實《聖經》上卻說：「因為凡遵守全律法，只在一條上跌倒，他就是犯了眾條。」（見《雅各書》第二章第十節）他們的律法，便是有名的「十誡」，為便以明瞭和研討起見，不妨照抄如下：「一、除了上帝以外你不可有別的神，二、不可為自己雕刻偶像，三、不可妄稱耶和華你上帝的名，四、當紀念安息日守為聖日，五、當孝敬父母，六、不可殺人，七、不可姦淫，八、不可偷盜，九、不可作假見證陷害人，十、不可貪戀別人的妻子和財產。」

佛教沒有這樣的規定，佛教不但不說不信佛的人都該下地獄，就是信了基督的人，同樣也會承認他們在善行，或慈善事業上的價值。前面說過，只要對人類社會有貢獻的人，都有他們應得的果報。因為有少許的貢獻，比沒有貢獻好，同樣地，不犯罪比少犯罪好，犯小罪也比犯大罪輕。所以根據佛教的看法，人們不用懷疑死後的去處，也不用懼怕死後會有怎樣的遭遇，只要自己對社會的關係，貢獻多於接受，那麼你的死後境況，一定不會比現在更差。可見，除了作奸犯科的壞蛋，和喪心病狂的野心家之外，大教育家、大政治家、大科學家、大宗教家，以及一切對社會有貢獻的人們，都有他們應得的好的福報。

第三，信仰佛教，才是真正的出路：我們知道，同為人類，為什麼人類之中還有高尚與下賤的差別呢？那完全由於每個人的環境、智慧、志向和毅力的不同。環境和智慧，依照因果的原理來說，是屬於先天或前生的感報，志向和毅力，卻是在於後天今生的培養。沒有好的環境，我們可以從困苦中奮鬥出來，沒有過人的智慧，也可以用時間和努力來磨鍊，所以先天的條件，並不能絕對地限制我們的前進和發展，唯有意志消沉、缺乏忍耐精神的人，才有墮落危險的可能。這在佛教的立場上說，志向便等於「信仰」，毅力則相當於「願力」，不過佛教的志向和毅力，是由人生暫時的過程，拉長及於整個永久的生命了，因為今生的結束，便是來生的開始，來生還有來生，來生永無止境，除非超出三界輪迴，生死死生是不會結束的。在這裡，我們便可以明白，為什麼要信仰了佛教，才算是真正的出路了。人生有了信仰，便等於水手有了羅盤，我們可以在信仰中找到我們理想的目標，根據信仰的指示，向前向上，不斷地努力，繼續地邁進，即使這個目標太高太遠，或許也有很多阻礙，只要我們認定方向一步一步再接再厲地走過去，總有一天會到達目的地的。如果不信佛教，去信其他宗教，雖然也有很多功效，比如基督教十誡中後六誡，在佛教中同樣受到重視，不過基督教的目標太近太低了，基督教的理想是天國，佛教的境界中也有天的說法，佛教卻不以天國為究竟理想，而以涅槃解脫為最終目的。天國在佛教看來只是享受福報欲樂的境界，並非究竟解脫的去處，所以當佛母摩耶夫人上生天國以後，佛陀還以神通的力量，去向佛母說法，免得在天國的福報享盡之後，還墮人間，甚至進入牛胎馬腹。基督徒說耶和華上帝是唯一的神，是最有權威的神，其實不過是希伯來民族的保護神，而且從《新約》、《舊約》中那些記載看來，也不能不使人對他的權威感到懷疑。佛教是一個理性的宗教，佛陀告訴我們走什麼路可以生天，走什麼路可以跑出生死範圍，走什麼路可以成佛。佛陀不開空頭支票，也不嚼飯給人家吃，他給了我們一張通向成佛之路的地圖，要我們以信仰做為方位判斷的指南針，按部就班地修習前進，信仰佛教，等於得到了生命旅程中的方位指示。有了這種信仰，我們便不會再在人生的歸途中兜圈子走冤枉路了；有了信仰，我們便會勇敢地去克服任何困難，不受任何困難所困擾，便不會因了困擾而感到煩惱。試想：沒有煩惱的人生，該是多麼恬靜優美的人生呢？

不過，學佛不一定能夠「立地成佛」，也不可能單獨地逃避現實，相反地乃是出生入死，加倍地吃苦，更積極地入世。所謂「九煉成鋼」，我們信佛學佛之後，要以救苦救難的救世精神，來培養我們的慈悲心，一直培養到跟佛陀一樣的偉大，才是我們學佛功德的圓滿究竟。至於怎樣才能在生死大海中，經常維持我們為群眾服務的精神，那就要靠「信仰」和「願力」來鞏固了，我們要以「信仰」對正目標，更要以「願力」堅定信仰。到了這種地步，我們除了對於成佛的信心和救世的責任，不會覺得生的可愛，也不會感到死的悲哀，這就是走向解脫而接近於解脫的境界了。那時候，我們還怕地球的毀滅嗎？地球毀滅之後，同樣還有更多更大的世界，和那些世界上的群眾或眾生，等著我們去做巡迴式的服務哩！親愛的讀者們，幫助人家、接濟人家，豈不比要人幫助，接受接濟，更偉大更愉快嗎？拿出我們熱愛和慈悲的心，分贈給那些正在痛苦中呻吟的人們溫暖一下罷！這是什麼？這就是人生歸宿方向的開步走！

（一九五七年雙十節，刊於《人生》雜誌九卷十一期）

宗教行為與宗教現象

諸位法師、諸位居士、諸位先生和女士：

首先，謝謝宗教哲學研究社的李理事長玉階先生的介紹，也謝謝他給我第二次機會，而對於諸位冒著颱風天氣的傾盆大雨前來聽講，更使我衷心感激。這次的講題是：「宗教行為與宗教現象」，是我自擬的；不比三年前的講題「從佛教的觀點談科學」，是由李長者出題，使我有接受考試的經驗。今天是將我研究宗教的一點心得向諸位報告，並請名家指教。

雖然我是佛教僧侶的身分，多年來除了佛教，對其他的宗教，我一向抱著尊敬與同情的態度。每一位教徒認為自己的宗教是最好的、最高的，這種心態是可以理解的，也算是正常的。任何宗教都有其優點和特長，若站在各自的立場，以不友善的態度，甚至一知半解、斷章取義地批判其他宗教，這種態度就太狹隘了。這個世間已經充滿著紛爭摩擦，國家與國家之間有軍事、政治等利害關係的摩擦；民族與民族之間，有種族歧視的摩擦；各人的思想與思想之間有不同見解的摩擦；如果宗教與宗教之間也因有神魔內外之分的彼此摩擦而削減了利世濟人的力量，這是非常可惜、極其不幸的事。佛教有一句話「心包太虛」，所以如何使得彼此涵容，匯集不同宗教的力量，為造福世界而努力，應是我們宗教界的責任與目標。基於這點，對於宗教學術講座的內涵與精神，我們有無限的敬意。現在，就這個題目，分作三大主題：一、宗教，二、宗教行為，三、宗教現象。

一、宗教

西方原本是屬於基督教文明的社會，由於科學技術的昌明，近世以來，在西方有人喊出了一句「上帝已經死了」的口號之後，可喜的是宗教不再能箝制其他學術、其他思想的自由發展，而帶來了科技文明的突飛猛進。但更令人憂慮的是過分重視物質文明，摧毀了人類的精神生活，造成目前所見的西方世界倫理道德的頹廢，父母子女之間缺少孝道的倫理觀念，夫妻除了兩性的結合，沒有恩、義之情，將一切的人際關係乃至國際關係，建立於「實際效益」的功利觀念上，只有利害，沒有道義，這是非常不幸、非常可悲的現象。

不可否認，宗教充實了人類的精神生活，宗教包含的內容，遍及人類心靈和智慧的領域，超過了物質的現象世界和知識的觀念世界。因此，宗教有不合乎科學的地方，也無法全部合乎科學。其實不一定是宗教不合科學，而是科學技術尚無法透入宗教的核心。西方的一些知識分子，基於科學的認知，將他們的神及上帝與教會、《聖經》分開，神或上帝不一定是《聖經》或教會裡的神或上帝，但他們相信上帝仍然有的，而且也需要上帝，因此他們轉向東方，探討東方的宗教與哲學。今天，我能在美國弘揚中國的佛教，實源於西方人一邊對原有的基督教起了理性的反省，一邊仍在追求精神生活的寄託之處。

東方的宗教信仰在西方社會中受到歡迎是好現象，在歐美各國的諸大學內也普遍設有宗教院系或課程，除了基督教的傳經之外，包括中國的儒家、道家、佛教，及印度的幾個教派，是他們研究的主要對象，特別對於佛教，研究的風氣最濃。最初將佛教介紹到西方的是西方人，繼之而去的是日本、錫蘭、緬甸，中國人向西方社會介紹佛教僅是最近幾十年的事。宗教在西方漸受重視，會有重振、復興的機運，可能走向所有宗教兼容並蓄、融合為一的路，只是由於各宗教對於本體論及現象論所持的觀點迥異，要達到萬教歸一的目的，尚需假以時日，這是艱難的，但這確是值得努力的事。最近國內教育部與內政部，考慮將宗教教育納入正軌的學制之內，這是適應世界潮流，值得鼓勵的事。

中國自西元一九一九年的五四運動以來，破除迷信及廢棄舊道德的餘波仍在，一談到宗教就斥為迷信的人，到處可以見到。他們是唯物論者，對於無法由物理現象的觀察分析而得的任何事物，都認為是迷信。也許他們不承認是唯物論者，但他們對於精神界或靈的世界所持的態度，確與唯物論者相類似。這種唯物思想，佛世時的印度即有，中國先秦時代也有，他們代表一部分人類的意見，卻不能永遠支配這世界，而在近世以來，唯物論的共產思想太過偏激，以致嚴重影響了數十億人類生命生活的安全與安寧。因此需要提倡宗教的信仰及精神生活，凡是有理由而且有益於人類身心及社會國家的宗教，均值得信。信可分為證信、解信和仰信，科學的屬於分析性的證信，宗教的則有內在經驗及靈蹟感受的證信。接受知識理論的影響及說服者，稱為解信。不由親自體驗，亦不需理論的邏輯做媒介，以為相信先知先覺者的啟示，以及神佛的不思議力量，乃是天經地義的當然之事者，便是仰信。宗教徒中的多數即屬於仰信，既為仰信，便不得要求用物理分析的方式來說明。因此，孫中山先生有「知難行易」的學說，鼓勵人們先以仰信的態度來實踐先知先覺者的啟示。事實上，我們在日常生活中就多少帶有若干迷信的色彩，日行而不知者，比比皆是，例如知道一碗米飯有多少熱能的人有幾？對絕對多數的人而言，吃飯也是迷信的行為。如果一觸及宗教問題，沒有加以探討和了解，就持排斥的心理，這是非理性的，也是太偏激的心態。

現在，就宗教這個主題，分作五個項目來講：

（一）原始宗教

自有人類便需要宗教，宗教本是一種現實的利益與經驗，不需要理由。任何高級的宗教，一開始均和原始的宗教相接近，原始宗教只有宗教行為和宗教現象，沒有理論的基礎與哲學的背景。宗教有體系、邏輯思想和理論觀念做為背景，大約在第二代、第三代後來的人加以安立的。原始宗教的崇拜有三：

1 圖騰崇拜

圖騰是原始民族的偶像崇拜，他們以和他們的生活及生存有密切關係的某一種自然物——動物或植物——做為特定的崇拜對象。他們相信被用作圖騰的某種物，具有保護作用，或者是自信其祖先源出於某種動物。如中國人的十二種生肖均為動物，就是屬於圖騰崇拜的陳跡。圖騰崇拜的近世遺跡，仍盛行於北美的印第安人及澳洲的原住民中。

2 祖神崇拜

相信自己的祖先源出於某種動物的圖騰崇拜，也是祖神崇拜的一種。

其次是指特定的神的祖神崇拜，這特定的神，為其民族發源的第一祖先。如日本神道教的天照大神，甚至基督教的耶和華，是創造人類的祖先，是最高的神，稱之為「父」、「上帝」，也是屬於祖神崇拜的類型。

第三種是特定人物的祖神崇拜。如中國人自稱是炎黃子孫，祭祀黃帝軒轅氏。成立不久的軒轅教雖不是原始宗教，卻是由祖神崇拜發展而來的。這特定的人，有的是民族英雄、忠臣義士、孝子節婦，如中國民間崇拜的關公、岳武穆、華陀、媽祖、保生大帝等。每一宗族，甚至每一行業都有其祖神崇拜。

第四種是特定的人體器官，例如崇拜生殖器，以男女生殖器象徵天父及地母，為人類所由來，此為祖神崇拜的另一型。

3自然崇拜

自然崇拜有四種：地、水、火、風。

大地能夠生養萬物，人類依地而居，感激禮拜，漸漸地擬人化、人格化，就產生了中國民間「土地公」的信仰，土地公廟，到處都有。也有人拜石頭，如「泰山石敢當」。張良遇到黃石公的傳說，想係橋下的石頭，給了他啟示，迄今仍有拜黃石公的。由於某塊石頭在某一時期，有某種的靈蹟，遂成為人們膜拜的對象，這種情形在西藏、日本，乃至美國都有。屬於地的崇拜之中尚有山神及草木神等，例如中國的社稷神，便是樹神及穀神。不是樹本身是神或有奇特的異能，而是有一些如佛經中所說的「依草附木」的精靈，這些精靈，也可稱之為鬼神，依附著某一物體而顯現其能力。講宗教，如果否定這些靈體鬼神的存在，宗教就不能成立。而這些山、石、樹、木，不一定每次都靈，也不一定對每一個人都靈，鬼神不在的時候就不靈，對於信得不懇切的人，也不靈。所謂靈驗，是以自己的信心，加上外在靈體力量的感應，才有效用。對於鬼神的觀點，我的立場是承認有鬼神的存在，但不要執著他，不要依賴他，不要和鬼神打交道，所謂「敬鬼神而遠之」，否則鬼神會給你解決若干困難，也會給你帶來困擾；一切災難，均係各自的業力所感。鬼神不能改善命運，因他不能代你償還業報。

水是生活中不可缺的東西，有時卻河流氾濫成災，或者海水倒灌，威脅生命。既為人們所迫切需要，也是人類所極端畏懼的。其力量操有生殺之權，初民便對水流產生求助的願望，擬人化的水神應運而生，有水之處即有神。例如海神、江神、河神、川神、溝神，甚至池有池神、井也有井神，這些都是屬於水的崇拜。希臘的神話有河神畢尼厄斯（Peneus），又有身兼泉神、川神、湖神的普西頓（Poseidon）。印度的傳說有河川女神薩羅婆伐底（Sarasvati）。中國《楚辭》中有許多水神，〈天問〉中的雨神叫萍翳，水神之名尤多，〈遠遊〉中的海若，〈九歌〉及〈天問〉中的河伯，〈九章〉中的陽侯等。巴比倫的水神叫雅（Ea），羅馬的河神叫梵爾托奴斯（Volturnus）。

拜火的信仰，同水一樣源於人類的需要。中國人稱香火綿延，代代相傳。古希臘人以守火為奉祀祖先，所以家有家火、里有里火，有部落之火、邦國之火。印度的火神名叫阿耆尼（Agni）。佛陀的大弟子中如迦葉三兄弟，本是拜火的外道。巴比倫的火神叫基比爾（Gibil）。

風有風神，印度有暴風神馬爾珠（Maruts），風神窪尤（Vāyu）。巴比倫的阿大的（Adad）是風神及雷雨神。中國的〈離騷〉及〈遠遊〉的風神名為飛廉及風伯。傳說中的孔明借東風，人們如相信孔明借得到東風，自然也能相信有風神主宰風的行動。人類之中既有所謂「呼風喚雨」的能人，自必也有職司風雨的神了。此外尚有天體的星象崇拜，形成了後世天文科學的發展。

（二）有神的宗教

有神宗教，又可分為四類：

1多神教

第一種是原始的多神教，是一些有較大神力的神靈，各自在宇宙的一小部分之中產生若干力量，神與神之間不相繫屬，沒有縱體的組織，也無橫面的彼此聯絡。比如希臘神話中的諸神，各有所司而互不相屬。臺灣的千歲王爺、媽祖、清水祖師、恩主公、濟公等，也是各不相屬的，上面也沒有一個統御諸神的大神。各部落民族的祖神崇拜，各原始部落的保護神及魔神各不相同，往往甲族的保護神，便是乙族的破壞神及魔神。自然崇拜的諸神之間，不相繫屬，沒有關聯，便屬於原始多神教的類型。

第二種是開化的多神教，像文明社會有組織、有隸屬關係一樣，神界也有較高的統御者，如中國的道教，以玉皇大帝或元始天尊統轄諸神，帝王的中央集權大概和此宗教的信仰有關。玉皇大帝下有許多神，太白金星、呂純陽、瑤池金母。傳說中的關老爺掌管南天門；中國人臘月二十三日送灶神上天，向玉皇大帝報告這一家在一年之間的善惡情形，三十夜晚把灶神再請回家裡供養。道教以為各地方有土地公、城隍、龍王等，皆是受統轄於玉皇大帝之下。另有印度的婆羅門教，以梵天為世界最高的創造者，統轄諸神，一切由他所生，由他所化。開化的多神教的神，多半人格化、具有大力量，是人形的神。

2 二神教

有很多宗教，有二神教的特徵，代表光明與黑暗、善與惡的兩面。善神與惡神或魔神，彼此對立與鬥爭。惡神、魔神多半是邪惡、破壞、災害的，好比有流氓就有警察一樣，善神有監督、保護的作用。如波斯的祆教，光明之神永遠和黑暗之神鬥爭。中國有善神及惡神的觀念，但不是特定的，也沒有形成宗教。事實上，一般人無法辨別善神或魔神，魔不一定是青面獠牙、可怕的形相，有時魔是戴著很好看、很斯文、很和善的面具，這好比地痞流氓也有慷慨助人的一面，但他們是不能被得罪的，如果得罪他們，你便會受到嚴厲的懲罰。在必要時，他們是不擇手段的。基督教的《舊約》也有二神教的色彩，自摩西時代到王國時代的猶太教，他們的保護神耶和華兼有善、惡兩種性格。至先知時代以後，便將惡的性格，分給了撒旦的名下，耶和華與撒旦——所謂上帝與魔鬼——處於敵對的立場，分別統治著善、惡兩個世界。

3 一神教

一神教的信仰，認為宇宙有一個最初的開始，上帝便是開創宇宙萬物的第一因，由他繁衍孳生，創造一切星辰及地上的萬物。所以這個上帝，必須是獨一無二、至高無上的，是全知全能，可以自由主宰、支配一切的。如基督教的上帝、伊斯蘭教的阿拉、印度教的梵天。一神教的神具有人格化的表徵，有瞋怒、有博愛，與人類的習性相似，有愛瞋之心，便有煩惱，未得解脫。

4 泛神教

泛神教者崇尚天，崇尚自然。他們依其哲學思想而構成宗教信仰，是基於理性的考察而得到情意的寄託。泛神教是人文主義的，以人為本位，注重現實，採取中庸之道，不走極端。他們的「上帝」或「天」是抽象的，沒有人格性的神，將之與自然同視，是具有大力量的，對萬物有生養、愛護之恩。他雖然沒有具體的形相可現，他的力量一定是遍處都有的，不是冥頑的自然之意。斯賓諾莎則主張人應敬神，但不必向神祈求。中國人常講的「好生之德」，孔子言：「天何言哉？四時行焉，百物生焉，天何言哉？」這種法天的觀念，即是泛神的信仰。

（三）無神的宗教

無神論者有兩類，一是從心理現象、物理現象解釋一切，以唯物論的科學方法與觀點來說明宇宙和人生，不相信有神的存在。他們不是宗教，只是無神論的思想。

另一類無神的宗教是指佛教。《阿含經》中：「此有故彼有，此滅故彼滅。」所以佛教站在緣生性空的立場，主張無我，否認有個常住不滅的靈魂。依據佛教的緣生論，認為宇宙是眾生共同的業力所感，眾多的因緣所形成；世界是由時間上無數的異時因果關係、空間上無數的互存關係所組成，沒有所謂主宰的、創造的神。佛教將眾生分為四聖（佛、菩薩、聲聞、緣覺）及六凡（天、人、阿修羅、畜生、餓鬼、地獄）共計稱為十法界。這種十法界的分法，是否有科學的根據，值得研討，但佛教將品類不齊的眾生，從佛陀以迄地獄，無不算作一切眾生，而納入平等的系統，一切生命型態雖有其等級與層次的不同，然而一切眾生皆有成佛的可能。

土地公、城隍爺、媽祖、民間受人祭拜的神，佛教將之歸類為十法界中的鬼道或天道的眾生：福德不足的貪鬼，在餓鬼趣；少財鬼得自由生存於一定狀態的境地；多財鬼或有福德的鬼，即為天趣或空中的神；餓鬼自顧不暇，無能助人。少財鬼益人者少損人者多，多財鬼隨其不同福德力而多少有一些力量，可以幫助人。而事實上人世間也有人類似鬼神的地位者，例如有的人很有財勢威德，也常能做樂善好施的功德，這應該便是活著的神。沒有福氣、苦苦惱惱，又常做壞事，誰沾上誰倒楣，這是餓鬼。鬼多得是，我們常聽到的自私鬼、賭鬼、酒鬼、色鬼、厲鬼等都是。而將基督教的上帝與魔鬼，均歸屬於天類，因為印度所講的天（Deva）有地居天、空居天及禪定天之分，一般宗教的天或神，僅屬佛教所說地居、空居及禪定天。佛經中將天的層次分成二十八種，這個數字乃是方便之說。

佛教以因緣及因果的立場主張無神論。屬於眾生自身行為的先後因果律，加上因緣的和合，而產生一期生命的現象，而這現象也非永恆性的，是無常而會改變的，時時改變、生生改變。因此，一切眾生可能由最低級的層次昇華到最高級的層次：行善修福可以再生為人或生於天；做惡多端會下地獄或投傍生異類。沒有外在的、特定的神可以支配個人的生死和升墮，也因此佛教認為每一個人都可以努力修行成為慈悲濟人的菩薩，或圓滿究竟的佛。人人都有成佛的可能，佛是無上最高的眾生，卻不是獨一無二的。

佛教不認為有唯一的神，但並不反對其他宗教所宣稱的「獨一無二」的說法。事實上，有的眾生是需要這種獨一無二的神之信仰，例如美國是先進的民主國家，但在美國人民的潛意識內，對於國王之類的特殊人物仍極有興趣；

另外，如君主立憲的英國、日本、泰國等人民的國家元首仍是國王。這在佛法上稱為「方便」，是一時的權宜之計，而非究竟的設施，眾生需要上帝，菩薩即以梵天王身而為說法教化，經有明文。有一次，我講《維摩經．佛道品》，說到菩薩為了度化眾生而現為刑官、惡王、淫女、五種無間罪業，入於魔道等。有位居士很奇怪：菩薩是慈悲的，怎麼會是如此？這並不稀奇，眾生應該接受怎樣的方式教化，菩薩就化現眾生所需要的。這好比父母打孩子、老師打學生，是為了孩子、學生好；而有的人也確實需要打，非打不可。今日的教育心理學家，普遍反對打、罵，自有他的道理；但是，矯枉過正便養成了兒童不受教化的嚴重問題，這是凡夫的難題。佛菩薩的悲智無量，不會有問題，所以示現為神而稱獨一無二的創造主，佛教並不以為沒有原因。佛教主張菩提心為因，大悲為根本，方便為究竟，只問動機是善、結果是眾生獲益，不問其如何說與如何做，這是方便。

（四）民間信仰的宗教

民間信仰的宗教，是由風俗形成的信仰。西方一些近乎唯物論的無神論者，儘管不信上帝，一生卻至少有三次進教堂的宗教行為，那便是初生時要命名受洗，結婚時要上教堂由神職神父或牧師證婚，死時要請神父或牧師禱告；或者為了社交活動，參加他人的婚喪等等宗教儀式時進入教堂。臺灣的拜拜，小地區有小拜拜，大地區有大拜拜；在同一地區的居民，家家都拜之時，縱有不是虔誠的宗教信仰者，也必依照慣例隨俗為之。臺北市有幾座寺院，每天有人去做佛事，為去世的親友、眷屬誦經，他們不一定即是正信的佛教徒，也不一定相信出家人誦經可以超薦亡靈，但不做的話，於心不安，恐怕受人批評。這種沒有宗教信仰但有宗教行為的事實，是風俗習慣養成的民間信仰，也沒有什麼不好。

中國人如遇到遷宅、破土、安床位、出遠門等大事，相信有吉日、凶日，往往會查看曆書或請卜者擇好日、選時辰，否則大凶日舉事，或在太歲頭上動土，不是好玩的事。西方人由於耶穌蒙難的傳說，有「不吉利的十三號」、「黑色的星期五」之說法；旅館十三號的房間大家不喜歡住，星期五忌諱出遠門。日本及臺灣的旅館及大樓，往往避用四樓及四號，因為四與死的發音相同。這在今天，可以說是可笑的迷信，也可以說是無可厚非的風俗，有宗教的成分，雖非特定的宗教信仰，卻屬於宗教行為的範圍。

（五）經驗形成的宗教信仰

所謂經驗形成的信仰，是指有些人或有些地方，本來並沒有特定的宗教信仰，但在經驗到不可思議的奇蹟之後，他會相信，而且信得很懇切、很堅固。這種例子很多，比如整棟大樓失火，好多人被燒死了，照常情推斷，你應該死卻沒有死；兩車相撞，車子稀爛，而你卻好端端地躺在地上；飛機失事，你竟是唯一的倖免者；遇到疾病，醫藥罔效，醫生宣告不治，而你在一個特殊的經驗後，或一段時間的祈禱後，豁然而癒。這種在危急特殊的情況中，發生了奇蹟或見到了神蹟，或因情急時呼求神的賜助而得到感應，或念佛菩薩的聖號而得到救援，在古今中外的各宗教都有。

我曾遇見一位姚先生，他告訴我有關他信佛教的故事。他說，他在抗戰時因做敵後工作，曾被日軍俘虜去，臨到要槍斃時，他在情急之下忽然靈機一動拚命地念「觀音菩薩救我」，才念數聲，執刑的憲兵便喊暫停，並下令緊急撤退。原因是國軍的部隊正好到了，同時日軍也希望問取口供。他被帶到另一個地方，問不出名堂來，又要把他拖去槍斃時，他再度懇切地念「觀音菩薩救我」，結果情況又有了變化，因為有幾個日軍被國軍俘虜，所以願以雙方交換俘虜的方式，把他要了回來。

我問他想不想知道一些關於佛菩薩的道理，他說不必懂道理，他非常相信觀音菩薩，就是死心塌地相信，沒有誰能動搖他的信心。在基督教，類似的例子也很多，這種人的信仰非常堅固，信心絕對沒有問題。

個人是如此，一個團體或一個地區的人們也有這種情形。在某一個地方遇到如大火、大水、大地震、大暴風、大疫癘、大蟲害等大的災難時，雖在隔鄰或在隔岸，卻能夠逢凶化吉，沒有造成大的死亡或災害，是由於某種因素的關係，這因素便會成為人們信仰的原因。

如乾旱時，人們祈雨而做宗教活動，做了之後喜獲甘霖。或者得到某種媒介的預示凶吉，預先防備災難的降臨。先做了宗教的活動，而避免了災害的發生，那麼該地的人們，便會產生由經驗而形成的信仰。

二、宗教行為

以上是宗教的分類，接下來探討宗教行為。分作三類，介紹如下：

（一）祈禱

1個人與個別的祈禱

祈禱可以說是自有人類的生活以來，就已發生的一種求生存的本能，人在危急之際或絕望之時，他會祈求奇蹟出現，因而有了祈禱的行為。一個被父母帶上街的幼童，結果因為貪玩走失而發現他已離開了父母之時，會本能地哭喊爸爸、媽媽，這便是祈禱，是尋覓、求救的呼叫。我聽到過一個留學日本的女孩子，在入夜後的東京街頭，遇到小流氓圍上來，她一害怕大聲喊「哥哥救我」，小流氓聽了，以為她的哥哥就在附近，便被嚇走了。事實上，她的哥哥是在臺灣，原來，自小兄妹相依為命，她依賴哥哥慣了，縱然離哥哥而到了外國，哥哥仍是她的保護神，而且真的管用。祈禱的行為不必教導，人在無援無助時，自然而然會祈求有大力量的人，沒有人可求時，便會祈求於神。

比較常見的是為了滿足個人的願望而做的祈禱，比如為求生意興隆、為求疾病早癒、為求消災免難、為求平安、為求子嗣等而做祈禱。清朝最後一位狀元，江蘇南通的張季直，到了四十五歲還沒有子嗣，有人建議他祈禱觀音菩薩給他送來貴子，雖然張狀元一向是信奉「子不語怪、力、亂、神」的儒者態度，他仍然接受別人的建議，寫了疏文禱詞交由夫人去寺院祈求，不久果然生了個兒子，名叫張孝若，從此他便特別相信觀音菩薩，為表示還願的感謝，起了一間觀音院，就在我出家道場狼山背後的地方，並以蒐求珍藏古來的觀音畫像聞名，不但信奉觀音菩薩，也信佛乃至土地公、城隍爺等。祈禱的效驗是發於祈禱者的精誠，由於自身的心力對於外物的感應而得。所以，經常祈禱的人，比起不大祈禱的人，一般而言，容易得到宗教經驗。

2 部族全體乃至政府朝廷的祈禱

通常為了祈求豐收，在古時或現代的部落民族，就有為求豐收或獵取更多的野獸而做祈禱。或為了氏族、國家或地區性普遍的災難而祈禱，如為了解除瘟疫疾病或乾旱，乃至消弭戰爭、免除天災人禍而有大規模的祈禱活動。在我的家鄉，一遇到乾旱，祈禱的方法，有的塑製泥龍，有的把城隍爺抬到外頭曬太陽，整天地曬，一直曬到他受不了就會下雨。我就親眼見到一尊木雕的城隍像，曬到木頭流出汗來，這種祈禱法很特別。還有民間的建醮，如平安醮，就是一地區大規模的祈禱活動。

（二）祭祀

1 用儀式及供品遂行宗教的崇拜

中國儒家的《禮記》，記載很多關於祭祀的典制。《禮記．中庸》：「郊社之禮，所以事上帝也。」郊是祭天，社是祭地。又《禮記．王制》：「天子社稷皆太牢，諸侯社稷皆少牢。」牛、羊、豕三牲具備是太牢，只有羊、豕無牛是少牢，今日的祭孔大典仍用牢為祭品。古來的中國，有國家的天地之祭、宗廟之祭、諸侯之祭、鄉里之祭、家庭之祭，祭天地、神明、祖先，所謂祭神如神在，所謂慎終追遠，皆為祭祀的觀念所做的定義。

印度婆羅門教有三大綱領，主張《吠陀》天啟、婆羅門至上、祭祀萬能，所以離開祭祀，他們便無法生活。四《吠陀》聖典的內容，皆是以祭祀為中心，《莎摩吠陀》與《夜柔吠陀》詳細記載施行祭禮的方式。基督教《舊約．

摩西五書》中有祭典、祭師長的規定，有獻祭、燔祭等供品的規定，這和婆羅門教有類似的地方。

佛教的禮懺儀、念佛儀、放生儀，尤其密宗的各種密法儀軌，規定了如何設壇、如何修持、如何修供養等，亦與一般宗教的行為類似。

2用身口的行為遂行宗教的崇拜

初民的歌舞，乃至繪畫、雕刻等藝術，大抵皆出自宗教的崇拜，後來才漸漸獨立與宗教分家，發展為純藝術的活動。通常的讚歌，是口唱的，中國在殷商時代，就有不少祭祀祈禱的口頭歌詞，六經中的《樂經》雖亡失，《詩經》中的〈周頌〉是宗教詩，〈雅〉中的祭祀詩就是為宗教服務的舞歌。印度四《吠陀》的《梨俱吠陀》含有一千零一十七篇長短不一的祭祀聖歌。《舊約》詩歌、雅歌，佛教的梵唄偈誦都是宗教儀式中的讚歌，表達人們對神、佛的崇敬情感。

表現於身體的宗教行為是舞蹈。因為祭祀祈禱以及向神鬼獻媚的種種動作姿勢，往往需伴有節奏的音樂，便成了歌舞合流的事實。宗教舞蹈，可分作娛神用的及擬神用的兩種，以故事方式演出者，大致是為娛神；以象徵神的姿勢動作為了降魔驅邪而演出者，大致是為擬神。中國戲曲中的《八仙過海》是取材於道家的故事；《天女散花》取材自佛教的《維摩經》。最近有一位現代舞蹈家譙瓊華女士模擬了敦煌壁畫的天女舞姿，編了一支《千手佛》舞，已由娛神、擬神的性質而成了純藝術的表現。迄今所見的印度及泰國的民族舞蹈，尤其和宗教有密切的關係。

（三）戒律生活

人皆可以為堯舜，眾生皆可成佛。但是，堯舜的行為即是成為儒聖的標準；佛的言行即成為佛教徒的標準。因此而有德目，而有戒律。戒律，是指生活行為的準則，依之而過踏實規律的生活。如果是基於人生的理想、堅強的信念，投身於自己信仰的宗教教團，大家共同生活，並且一同舉行宗教的儀式，那他們應該遵守的戒律，比起一般的教徒，戒律的要求是更嚴謹的。

儒家的三綱五常、四維八德、教忠、教孝等的德目，無非是要求人之所以為人的義務與責任。遵守實踐這些德目，提昇個人的人格，可以維繫社會的安寧，增進人類的幸福。所以，也可算作戒律的一個類型。

據《舊約》的記載，「摩西十誡」是由耶和華賜給摩西做為猶太人的行為守則，前四條是宗教的，後六條是倫理的，可做為一切人們做人的準則。而一個穆斯林除了有五大責任，要守七項信德之外，尚需遵守四誡：1.不為不名譽的事，2.不吃豬肉不飲酒，3.不放高利貸，4.不違抗真主阿拉之命。

佛教的戒律，有在家、出家之分，又有小乘、大乘之別，有為保持人及天的道德標準而設的五戒十善；有為出離三界火宅而設的五等出家戒；有為行菩薩道之自救救人而設的菩薩戒。一般在家信徒應遵守三皈、五戒、十善。三皈是：皈依佛教主及一切佛，不再皈依其他諸神；皈依修道成佛的方法和道理，不再皈依外道的邪說；皈依佛教的修行者並以佛法教人修行的老師，不再皈依其他邪師。五戒是：不殺生、不偷盜、不邪淫、不妄語、不飲酒。十善是：不殺生、不偷盜、不邪淫，屬於身三善業；不妄語、不兩舌、不惡口、不綺語，屬於口四善業；不貪欲、不瞋恚、不邪見，屬於意三善業。持守而多分不淨，生為人中的普通人，多分淨生為大福德人，全部淨則生為天人。出家的比丘戒，根據《四分律》有二百五十條，比丘尼有三百四十八條，這是五戒詳細的開分，有較高層次、較嚴謹的要求。消極方面，有防非止惡的作用，稱為止持；積極方面，有二十種犍度，積集一切善法屬作持，這是律。戒中有律，律中也有戒，戒是條文的規定，律是如何來持戒、犯戒後又如何懺除之說明，犯戒之輕重及受戒持戒的判定和執行，均屬律的範圍。

很多人以為宗教的清規，扼殺人性的自由，並將儒家的德目，稱為吃人的禮教，這是似是而非的看法。不以規矩，不成方圓，如果一個人沒有做人的原則，一個社團沒有共守的規約，一個國家沒有應守的法律，一個宗教徒沒有當守的戒律，我們的社會會成什麼樣子，那真不敢想像。當然，如果你的道德修養到了如孔子所說「從心所欲不踰矩」的程度，自然可以不要製成條文的規律。佛教中禪定中的人，自然不犯戒，稱為定共戒；已得解脫的人，也就自然不犯戒，稱為道共戒，對這兩種人而言，戒律的條文便是多餘的事，不然的話，必須遵守戒律。戒律的功用，不唯防止信心的腐化，更有積極增進人類幸福的功能。

三、宗教現象

(一)降靈現象

普通人很難具有超人的力量，若在體力或心力上有了超乎常情的能力，則不出於兩種原因：一是自己如法修行，能夠開發智慧並增強體能，來突破體力及心力的極限；另一是外來的神靈附身，也能使人有異常的能力，這便是降靈的現象。降靈的現象，可分作兩類：

1 請神降靈

請神降靈，可分作二類：

(1)請神降靈冥佑：不一定希望神靈當場顯現，來指示什麼和表現什麼，只是祈求神在冥冥之中的加護，所謂「祭神如神在」，有人在出門之前，先拜祖先以及觀音菩薩等，祈求保護。有許多信徒，每次出門談生意，投標下決心之前，必去數處神廟求好運。還有，中國人在農曆年前的送灶神、請灶神，以及一年一度或數度的祭土地、祭祖先等，都含有請求冥中保佑的信仰在。

(2)請神降靈解惑或救難：通常通過兩種方式來降靈示現。

第一種是用卜筮為媒介：古時候的人們，由於敬神尚鬼，所以無論大小的事，都須取決於占卜。中國最初的甲骨文字，就是刻於龜甲、獸骨上做為占卜用的禱辭，即使現代的文明社會，人們也經常利用占卜解決疑難。除了初民用龜甲獸骨，後用易卦占卜，或用星象占卜，或用蓍草占卜等，另外尚可以用很多的方法，唯其多半仍須通過術士的咒術或道術，例如：

使用特定的道具觀察：像數年前有一陣子在臺灣盛行的碟仙，用一種道具，請鬼魂降靈，幾乎成了一種宗教式的遊戲。吉普賽人善用水晶球作媒介，能夠觀察到人的過去與未來。有的用圓盤、鏡子，以及竹籤、杯筊、木乩等。

①用火觀察：從火頭、火的形狀，及顏色的深淡變化等見到神靈顯現和啟示。

②用水觀察：由水中看出占卜的事相。

③用香頭觀察：在點燃後的香頭煙路中，占卜吉凶。

④用熔錫觀察：有人能以熔錫倒在冷水中凝結後顯出的紋理上，看到所要占卜的事物。

⑤求神靈降夢：臺北的仙公廟，即有專供人去求夢解惑的房間。

第二種是經由能與神靈交通的靈媒：由於宗教上的祭祀祈禱活動，加上為了向神明請示疑難問題的解決，自然地產生了能夠溝通神鬼的人，那便是靈媒、巫祝、占卜的專門人才。在中國內地，有所謂童子的覡（男巫）及師娘（女巫），臺灣則流行乩童、牽亡魂，牽亡魂的人能走陰差到陰間探查亡靈的下落。這些靈媒用某一種特定的儀式或方法，請神降靈，也有一些小小的靈驗，在神降靈時能解決人們的疑難，能看病處方，預告吉凶。不論是請神降靈或神靈自降，他們的靈驗，即使是有大力量的鬼神，在時間上不會久，在空間上也不會大，何況大部分是依草附木的小鬼神。不信其有，固然不可；若堅信其可靠，則大可不必。

2 神靈自降

(1)降於人夢：普通人由於心理上、生理上的因素而做的夢，是沒有意義的。今天《中央日報》第八版有一篇文章，關於夢的分析，是一位中興醫院的林景福醫師，以其近乎唯物論的醫學觀點，完全以生理、心理的現象來解釋夢境，在一般情況下，此種理論是可以建立的，但不適合解釋所有的夢。包括一切的靈體、神靈或死去的人，自降於夢，它們是清晰、預示、靈驗的夢，無法以生理因素或心理因素的觀點解釋的。

靈驗的夢，又可分為睡夢與醒夢：

①睡夢：有些人在睡夢中清楚地見到死去的人或神靈，告訴些什麼，預示些什麼，或者使人進入一個境界中；醒後真的會發生與夢中所見者同樣事件。有一位監察委員祁大鵬先生，他是名地理師，因為在他身後，他的兒子未遵其遺囑便葬了。他就幾次到他兒子夢中，要他兒子遷移墳地，改葬在他生前看好的地理上，起先他兒子不信，結果他的家人及朋友中也有人在同一夜做了同樣的夢，他的兒子只好抱著寧可信其有的態度改葬後，就再也沒夢到他父親了。對一個人連續託夢，或同時對幾個人託同樣的夢，若仍說是潛意識或下意識的心理作用，是不理智，也是不客觀的。有一位嘉義市的洪姓婦人，現在經常到我北投的文化館來，因為有一天她做了一個夢，夢見她在一座石牆下走過，牆上站著一位法師向她打招呼，請她上牆，結果牆雖無梯，卻走了上去。後來她希望找到這麼一個地方拜見那位法師，兩年前偶然到北投，竟發現文化館便是夢中的建築物，那位法師便是先師東初老人。

②醒夢：有的人做的是醒夢，不是睡著了，也不是白日夢。是很清楚的，

忽然間自己所處的環境消失了，進入一個夢境中，見到了一些人物，發生了一些現象。夢後不久，或者過了若干時日，真的發生了他在夢中見過的事情。前一陣子，有個政大的女孩告訴我，她常做一些破財、傷亡的夢，而且很快地一一兌現。我有個朋友，修行某種法門，在用功時，他會看到一些事、一些景物，過不久就發生了。他並不想要這樣的夢，夢是自動發生的，他在夢境出現時，便覺得自身所處的環境已離開他，這種夢，告訴了他一些平時不知道的事，結果也會成為現實生活中的事實。

(2)降於神蹟：神靈表現某種神蹟，讓很多人見到，最常聽到的是，要進行某項工程時，必須砍伐大樹，或拆除神廟，會發生一些事情。佛教戒律中，「砍伐鬼神村」犯波逸提罪，就是不要去驚擾鬼神居住依附的地方，不令他們瞋惱。

好多年前，那時靠近圓山的中山北路還是屬於臺北縣，要拓寬時，因為要拆建一間土地公廟，死了好幾個工人，縣長親自來對土地公說：「你是土地公，我是城隍爺，請你搬家。」便將土地廟遷往裡面靠山一些，工程才順利進行。我又聽到一位泰國的華僑居士講，泰國某一地區開闢道路，碰到一座古墓，是明朝末年帶軍隊流亡國外而死在當地的將軍葬身處。計畫之中決定遷移，工程人員每晚聽見將軍在操練軍隊，幾次之後，他們夜晚出來看，隱隱的夜色中，真的有穿著明朝軍服的大隊人馬，在半空中列隊行軍，因此未敢拆遷那座古墓。

(3)降於乩壇：扶乩，又叫扶鸞。多用盤盛沙，或不用沙盤，由兩個人扶一個「丁」字型的木筆，把沙撥成字或圖畫，說是神的降示。歷代邪教的經書大多就是出自乩童，盡說些依附佛法而又誹謗佛法的怪說。降下乩壇的神，會先自己通名報姓，從玉皇大帝、觀音大士、濟顛活佛、呂祖，到李白、孫悟空，《封神榜》及《西遊記》中的神名也常出現，各種神仙都有。甚至有自稱鄭成功降壇，寫了字叫人拿去臺南對筆跡的。乩童大部分沒受過什麼教育，但他們寫出來的詩詞，說出你的一些過去或未來，不僅一般的愚夫愚婦迷信，就是很多知識分子也會著迷相信，不僅自己信，還教人去信。這裡頭有鬼神是真的，但大部分是借了著名之神名，揚他們的威風。我說過，神靈鬼魂是有的，人對他們採取的態度應當是：敬而遠之。

(4)降於特定的人：由於某種因緣，或者是神靈與他有緣，或者他本身容易讓靈體感染，神靈降於特定的人，乃是神靈附體，借他的身體替神靈在世上行使靈感，少則僅來一次，或者一段時期，乃至也有終身附體的。我的學生某小姐，曾經到某一個靈媒的地方，在那裡照著靈媒教她的方法做，她可以知道人的三世，也能幫人治病，清清楚楚知道自己在說話，但明白不是自己說的，靈媒叫她看病，她用手一摸病人的患部，就感到有某種力量能治病，真的能把病痛治癒。離開了靈媒，她便恢復了正常，失去了靈的力量。另一個學生，常有觀音菩薩降靈他身上，使他能幫人解決很多問題，他不藉此斂財，純粹為人解惑指迷，所以他家庭幸福，事業順利。這是幾個月前的事，不曉得目前情形如何。因為近數月來事業遇到了波折，自稱觀音降靈的神，似乎也不能為他排除困難了。然他因此堅決相信有神，很容易接受宗教信仰。

像盧勝彥、蔡肇祺等人，神靈未降前是普通人，神找上他們之後，便成為神的使者、神僕，使他們有異乎尋常的能力，有許多不可思議的能力。這是神靈降於人，借人表現其力量，治病、解困、預告吉凶是通常現象。自稱是大菩薩、古佛、古仙人、古羅漢再來，是另一個共通的徵象。有的人一次遇到降靈於身後，斷續地再三降靈，甚至終身與神靈合而為一，不再離開，這種人的力量比較大，有某些異能發生，能吸引廣大的群眾而成為新興宗教的教主。如日本天理教的創教者是一位名叫中山みき的女人，在她四十一歲時，兩個孩子相繼死亡，長男又患惡疾，她向山間的修道者祈願——那些修道者實際上就是神巫——她也因此成為靈媒，一直到六十一歲時，她傳出好多種咒術及符籙，協助農產、除病、驅蟲，乃至「無肥多收穫」的咒術，吸引廣大的農民群眾，著重於現世利益的安慰，信徒之中十分之七是因求治病有驗而成為她的信徒。日本其他的新興宗教中，例如黑住教的黑住宗忠、金光教的川手文治郎、大本教的出口直子、圓應教的深田千代子、大元密教的小島大玄等，這些人物大抵為靈媒出身，有若干神通力量，能為人解困、治病、禳災，令許多人乃至知識分子著迷。這種宗教，不論從哪個角度看，不過是民間信仰的一型，高級談不上，久遠和廣大，也是不可能的。

(5)神自降靈受胎為人：這些人自孩童期就異於常人，如西藏的活佛轉世即是例子。基督教的耶穌，自稱他是神之獨子，亦即神之本身的降靈投胎。印度常有神靈自降投胎為人而成為宗教上的傑出之士。在佛世時，便有兩人是神自降靈受胎的說法：一是耆那教教主摩訶毘盧；一是佛教教主釋迦牟尼，釋迦菩薩是從兜率天，降下受胎為人。神與佛是不同的，由天下降，投胎為人的過程則是一樣的。現在美國很成功的印度教徒摩訶羅鳩，天生就是有異能異稟的宗教家。

（二）修行現象

降靈者，主力出於神鬼，修行者，主力出於個人自己。以可靠實在而言，當以自己修行所得者為可貴。分三點介紹如下：

1 臨事修

所謂「平時不燒香，臨時抱佛腳」的人，發生了事情，沒有辦法解決而來念佛修行，或許願做若干善行功德而祈求平安庇佑或者能如所願。我小時候，曾有一位婦人，因其先生被日軍抓走後，久久未歸，她便許願吃素，一直吃到丈夫回家為止；吃了三年，她先生果真回來了，她想開葷，先生勸她吃素是好事，而且使他回來，應該繼續吃下去才對。

2 經常修

不是為了臨時性的理由，而是由於信心的推動，產生的宗教行為。任何宗教有其一定的恆課，如基督徒的飯前及睡前禱告，與星期日的做禮拜及望彌撒。穆斯林每天有五次以上的定時禮拜禱告。一聽到寺院的鐘聲，不論在何處，均得放下工作就地禮拜。數年前曾有一位伊斯蘭教國家部長級的穆斯林，在禮拜時被暗殺，他也知道有人要暗殺他，仍然繼續禮拜。

佛教徒以持咒、誦經、禮拜、打坐、念佛等方法，制心於一處，精誠專一時，可以見到光、華，見到祥瑞的景象，見到佛、菩薩或得到定樂等神祕的經驗。以禮拜方式，我教人用三種方法：第一是懺悔心拜佛，懇切懺悔自己對不住人、對不起自己的一切事，懺悔自尊自傲傷害別人，自憐自卑傷害自己，往往有人在痛切懺悔時，悲痛大哭之後，得到身心的安寧與落實感。第二是感恩禮拜，思量一切人於我有恩，父母、師長、兄弟、姊妹、朋友乃至一切眾生互為因緣，息息相關，自己承受別人的太多，付出的太少，對於既有的一切，應常懷感恩之念。第三種是實相禮拜，以清淨心、不作觀想，一心一意，非常專心地拜；就只是拜，清清楚楚地，注意著拜下起立的每一個動作，慢慢地專一地拜；修這種方法淺則消滅身心的負擔，深則可以忘我，可以進入定境。

3 禪修

禪修有經常與定期兩種。經常修是指每天必修的恆課，定期則以期限為準。穆斯林在每年伊斯蘭曆的九月，要齋戒一個月，齋戒的目的，在使人學習如何不犯過，不僅禁食，而且禁種種罪過。他們的封齋是自每日的黎明時分至晚間，白天禁食，黑夜可以飲食。雖然不一定屬於禪修，但也是定期修行的一種。佛教在印度，於四月十六日之後，由於印度雨季開始，路上多蟲蟻，行路不便，佛制有結夏安居。在安居期中，大家一心修持，沒有旁騖雜事，安居的時間以九十天為限。另外現有的淨土宗打念佛七以及禪宗的禪七，也是在限期修持某種法門。

佛教的修行方法，以修習禪觀為主，以修定發慧為主。禪觀一稱禪數，因為禪觀方法多帶數字，比如四念處、四無量心、五停心等皆有數字在。禪修的方式有三：

⑴常修禪觀：修習七方便——五停心觀、別相念、總相念、煖、頂、忍、世第一。

五停心觀是以五種觀法，來停止妄念：

第一，不淨觀：觀想此一身體，共有五種不淨，以對治貪欲。種子不淨，由父精母血所成故；住處不淨，胎中十月住於母體的屎尿之間故；自體不淨，此一身體是由屬於地質的骨骼肌肉、屬於水的血液、屬於火的熱能、屬於風的空隙等四大所成故；身相不淨，身中常由眼、耳、口、鼻以及大小便道的九孔之中流洩穢物；究竟不淨，此身死後必將腐爛化為膿血，乃至枯骨亦壞故。觀想自身不淨、他身不淨，便可息滅物欲之心。不淨觀中，也可將枯屍白骨觀包含在內。以經驗論，不淨觀相當難修。

第二，慈悲觀：瞋恚心較重的眾生修習慈悲觀，觀察一切眾生為貪欲、瞋恚、愚癡三毒所困，實可憐憫，生慈悲心可以對治瞋恚。

第三，因緣觀：觀察一切皆從因緣生，前因後果，有關條件，清楚分明，以對治愚癡執著。

第四，界分別觀：向諸法而分別六界、十八界以停止我見。十八界是眼、耳、鼻、舌、身、意六根界，眼、耳、鼻、舌、身、意六識界，及色、聲、香、味、觸、法六塵界，以根塵相對，中間以識分別之起諸作用。也有人以為界分別觀和因緣觀相似，所以用念佛觀，觀佛相好以消業障，來代替界分別觀。

第五，數息觀：計呼吸的數目，從一到十，反覆地數數目，以停止散亂心。數息法是便捷又安全的禪修方法，很快地可以發覺自己的妄念與散亂心。

別相念，五停心觀成繼以別相念修四念處觀：觀身不淨，此同於不淨觀。觀受是苦，樂受會無常變壞而生壞苦；苦受當然是苦苦；不苦不樂的捨受也是念念遷流，無剎那安住是行苦，凡一切受皆苦。觀心無常，觀察心想，虛妄變化無常。觀法無我，諸法皆因緣生，無有自性，我、我所皆非實有。

總相念，是修四念處觀時，每作一觀，即併作其餘三觀。如觀身不淨時，併觀此身是苦、無常、無我，或併觀受、心、法，亦皆不淨。

煖，是心中光明啟發，見道之無漏智火將生。

頂，是進而智慧增長，達於頂點。形容逾進則見道，退則下於煖位，進退於兩山之間譬以山頂。

忍，是其心堅住，決定無移，名曰忍位。

世第一，是見道，得無漏智，為聖者離凡夫，在世間有情之中，最為殊勝，稱世第一。

這是禪觀的全部過程，事實上不必一一經歷。五停心觀中的數息觀成，可以攝亂心為一心。得到一心，單純的心是小我的完成，別相念成。總相念成，能得統一的心，小我擴大到與時間、空間等量齊觀，人我、內外、相對的觀念消失，這是大我的完成。到煖、頂、忍、世第一得解脫，為無我的完成。自覺到「我」的觀念已不存在，只是揚棄了自私自利的小我，並未能把本體的理念或者神的實在也否定掉，要到見本體和現象，不是兩樣對立的東西，一切現象的差別，全部消失。這才是無我，才能從生死、煩惱中得到徹底的解脫。

(2)常自觀心不動，見一實相：如《六祖壇經．坐禪品》：「外於一切善惡境界，心念不起名為坐，內見自性不動名為禪。」「於念念中自見本性清淨。」心無外緣，僅有內緣——緣不動，這時是清淨的、無相的，於念念中自見本性清淨，即實相觀。《維摩經．弟子品》：「不於三界現身意，是為宴坐，不起滅定而現諸威儀，是為宴坐，不捨道法而現凡夫事，是為宴坐，心不住內，亦不在外，是為宴坐，於諸見不動而修行三十七品，是為宴坐，不斷煩惱而入涅槃，是為宴坐。」此即初期禪宗，注重生活即修定，不以為坐禪才是修行。一切法是佛法，一切事是佛事，而表現於日常生活之中。《景德傳燈錄》卷五末載有僧臥輪禪師偈：「臥輪有伎倆，能斷百思想，對境心不起，菩提日日長。」惠能云：「惠能沒伎倆，不斷百思想，對境心數起，菩提作麼長。」前者是修定的境界，裡邊有修行的方法，有種種的思量分別。後者是禪的境界，著重於修慧。這兩首偈子恰好與神秀的「身是菩提樹，心如明鏡台，時時勤拂拭，勿使惹塵埃」、惠能的「菩提本無樹，明鏡亦非台，本來無一物，何處惹塵埃」有異曲同工之處。修此種禪觀，若根機利的話，臥輪的修行方法，可能陷於黑山鬼窟，不得更上一層。若根機不夠，惠能的修行方法則容易變成文字禪、野狐禪。一般說來，普通根器的人，還是從禪觀開始，修到大我完成後，再修實相觀。在唐惠能以前，卻以禪觀方法修行，華嚴初祖杜順尚未離禪觀。到宋時，惠能的禪風提不起來，實相觀不易進入。因而有大禪師出世。

(3)禪宗的參禪：宋以後的修行方式，有兩種——大慧宗杲的公案禪與宏智正覺的默照禪。

有僧問趙州：「狗子還有佛性也無？」州云：「無。」此即無字公案的由來。大慧教人以「什麼是無」一句無味、無意義的話頭，把一切思量分別、妄想雜念一時按下，在按下處看個話頭，用來摧破思慮情識，使修行者在突然間，達到大悟徹底，平等一如、不即不離的自在境界。

宏智的默照禪繼承六祖惠能，或者更早期三祖僧璨的觀點。僧璨的〈信心銘〉第一句話：「至道無難，唯嫌揀擇。」揀擇是分別心，有揀擇心做學問好得很，若以揀擇心修道，則心中尚有法可修，仍不能放下一切。既放不下，便無從進入悟境。默照禪是只管打坐，唯靜坐參究，多用鬆弛、用明晰、用寂默，把妄想雜念全部沉澱下去，使得心頭平靜、清明、沉寂，默然不動而又歷歷分明。

禪離言說、文字相，正是宏智正覺禪師所展現的；大慧宗杲的公案禪，是以方法入定慧，雖然還有方法，卻是進入禪門的利器。所謂「參禪」二字，即從看話頭、參公案的方法而來。

因為時間的限制，我本來準備好的內容還有一節——關於禪的修行方法和現象及層次，只有等到下一次有機會時再講。

（一九八一年九月二十日下午三至六點，由中華民國宗教哲學研究社第二十六次學術演講會，邀請講於淡江大學城區部中正紀念堂，刊於一九八二年二月二十八日《中國佛教》雜誌二十六卷第五期）

東西方宗教的會流

一、何為東西方宗教

此處所謂東方宗教，是指發源於印度，流傳於東南亞及東北亞的佛教。此處所謂西方宗教，是指發源於中亞，盛行於歐美的基督教。基督教之東來，雖可溯自唐朝的景教，但是近世基督教的傳入，乃是十六世紀開始，隨著西方殖民主義的勢力而來，傳教士們抱著救濟落後民族的精神，把基督教的信仰及西方的科技文明，帶到了東方。他們為了達成傳教的目的，首先學習中國及印度的語文，並了解做為東方文化背景的宗教和哲學。所以也順便把東方的事物，透過他們利用歐洲語文寫成的記事報導，便是東方宗教被介紹至西方的萌芽時代。

接著引起了宗教學及語言學者們，對於印度學（Indology）及佛教學（Buddhology）的研究風潮。因此，明治時代（西元一八六八——一九一二年）的日本佛教界，派出了數十位優秀青年，赴歐洲留學，正像唐宋時，日僧遠渡重洋，到我國留學一樣。可見佛教之受西方學術界的重視，要早於佛教信仰之傳播於西方。直到現在，與其說，佛教信仰已為西方社會所肯定，仍不如說，佛教的文化思想，已受到西方宗教學術界的肯定。例如大正七年（西元一九一八年）日人渡邊海旭氏所著《歐美之佛教》一書中，即已介紹了歐美學者們對於佛教的研究、成果及範圍，分為：1. 巴利文聖典，2. 梵文佛學原典，3. 中國佛教，4. 西藏佛教，5. 西域發掘的佛教。一九七〇年日本的鷹谷俊之氏所著《東西佛教學者傳》，所集三百六十多位佛教學者，除了九十五位是日本人之外，其餘多是西方學者。一九七三年，又有一位出身於荷蘭萊頓大學，現在任職於澳洲國立坎培拉大學的狄雍（J. W. de Jong）博士，於日本發表的《歐美佛學研究小史》（*A Brief History of Buddhist Studies in Europe and America*）一書，以文獻學的方式，介紹了迄當時為止的歐美佛教學者，對於佛教的研究，所做的貢獻。

二、西方宗教的現況

基督教在東方的成功，是有目共睹的，它不僅是跟著西方殖民主義者的船堅砲利而來，更是由於東方社會渴求西方科技文明之幫助，挾帶而至的副產物。不論是處於物質窮困的下層社會，或者是處於思想困頓中的上層社會，均會對於新來事物的接濟，抱著新鮮的希望。所以根據社會學者的調查，二次大戰之後的韓國、臺灣以及日本，基督教徒（包括新舊各派）的人數，急速增加，甚至使得教會訓練傳教士的工作，發生了供不應求的現象。然到一九六〇年代之後，教會的成長率，便停頓下來了。基督教在日本的黃金時期更短，當聯軍撤離之後，日本的民族自尊立即抬頭，故在一九五〇年代，基督教會便把日本稱作貧瘠的沙漠。

再說西方社會，不用說，迄今仍是基督教的勢力範圍，上至國王繼位、總統就職，下至小孩出生、人的死亡，除了少數的猶太族及回族之外，都得沿用基督教的宗教儀式。如果要移民去巴西等中南美洲國家，最好你是領過洗的天主教徒；美國雖無法律規定人民必須信仰基督教，如果是無宗教信仰的無神論者，也會被視為危險分子。事實上，凡是出身於宗教（基督教）信仰堅固的家庭者，品格便不會太壞，許多父母也寧願多花學費，而把孩子送去私立的教會學校讀書，倒不是為了使孩子有宗教信仰，而是教會學校要求嚴格，生活道德的規矩好。

所以一個良好的家庭，必有其宗教的信仰。雖然，今日的歐美各國，青年人在星期天進教堂做禮拜或望彌撒的，愈來愈少，許多教堂的傳教士在埋怨世風日下，由於經費來源不足，教堂破落，只有脫手求售。三藩市與洛杉磯，便有兩所中國佛寺，原來是基督教的教堂。歐美的許多修道院中，修士及修女的人數，也愈來愈少，甚至逼著他們到東方，例如到印度募集少女去當修女。特別是願意終身過出家生活的人數日漸減少，也就是進入修道院和離開修道院的人數，成了反比，這是羅馬天主教會所感到的危機。至於新派基督教，由於派系分裂，過度複雜，而且互相攻擊，其總人數雖不少，力量則不及天主教。

三、西方人所見的佛教

歐美人士接觸到的佛教，如上所說，早期是以學術為主的。有興趣於佛教的研究和追求佛教的信仰，是有所不同的，研究者對其所鑽探的學問，一定是忠實的，但卻不一定持有信仰的態度，所以有幾位著名的歐美佛教學者，不僅不是佛教徒，事實上他們是有神父頭銜的傳教士。今日在西方佛教學術界努力的幾位中國學者，原則上也未以佛教徒自居，但他們傾心於佛教是毫無問題的，其中當然也有自學者的立場而接受皈依成佛教徒的。

將佛教視為宗教而予以信奉的人，跟一般的東方佛教徒，也有不同之處。東方的一般佛教徒，很可能是由於世襲的習俗，也可能是由於社會的環境，使之自然地成了佛教徒，未必要通過理性的考察。西方人之能由其傳統的宗教，改變成佛教徒，至少要有其原因：若不是在思想上對傳統的宗教感到反感或失望，便是由於佛教的教義吸引了他們，更有一種極為普遍的現象，是從佛教的修行方法中，體驗到了身心的利益。因此，西方人信奉佛教，也未必要和原來的宗教站在對立的立場，相反地，倒是由於佛教不排斥其他宗教，使得愈來愈多的西方人，一邊學習佛教的修行方法，如以打坐持咒等的實踐，使他們獲得平衡身心的實際利益，同時仍可保持他們家族所持的原有宗教。基督徒信奉了佛教，依然陪同親友上教堂，是平常事。

目前的佛教在西方，以其傳播的根源而言，可分作：1.日本的禪與淨土，2.西藏的密教，3.南傳的小乘教，4.中國的通佛教。日本的禪及西藏的密，是以西方的白人為主要對象，日本的淨土及中國的通佛教，則以日僑與華僑為主要對象，乃是隨著移民到達北美的。近十多年來，始由沈家楨居士，投資大量金錢，鼓勵贊助各大學的佛學研究計畫，並有宣化法師及聖嚴本人，分別在美國的西部及東部，以禪法接引美國的知識分子，除了修行生活的實踐，也發行了英文的佛教書刊。陸寬昱、陳觀勝、張澄基、陳健民、顧法嚴等居士的英譯佛書，對中國佛教的傳播也有貢獻。幾乎與中國佛教同時打入西方社會的，尚有韓國的禪師、越南的法師，韓國佛教以北美為中心，越南佛教則以歐洲為中心，也可以說，這是由於韓戰及越戰的結果。至於南傳佛教在歐美，聖典英譯的力量超過生活的實踐，但在止觀打坐方法傳授方面，也有其若干吸引力。

總之，佛教傳至西方，為時尚短，好在現代的歐美社會，在宗教上已無迫害異端的現象，並在觀念上渴求著新文化的引進，所以佛教將會在歐美文化中生根，是可斷言的。

論佛教與基督教的同異

所謂千聖同心，萬法共軌，站在佛法的立足點上，萬法一如，自他一體，根本沒有什麼同異之處可說。若有一說，即便自陷於執障的泥沼，而無以超拔和解脫了。可惜人類不能悉數求得超拔和解脫之時，是非之爭，人我之別，總是免不了的。尤其糟糕的，人們往往喜歡戴起成見或我見的眼鏡，以自己或自家的心量和見地去衡量外在所有的一切事物，而不能置自己或自家之見於度外，故亦很少能夠以外在所有一切事物之本身，去各各發掘其事物真相之所在，並各各以真相之所在去做客觀的衡量。所以人類史上每一種哲學思想體系或宗教之出現，亦必會有一番甚至繼長增高的爭辯。這種現象或為人類進化的特徵，亦為人間一切不幸所由來！

月前，友人交我一冊由香港道風山「基督教中國宗教文化研究社」出版的《景風》雜誌創刊號。這一雜誌的作風，頗異於一般的基督教刊物，其中討論中國文化，也討論人文主義的精神，並亦討論到佛教的現狀和佛教與基督教的相似處。它的主要宗旨，是希望將基督教理和對基督的信仰接通人文主義和我們東方的宗教文化，而求其生存發展的更大範圍和更大領域。對於這一姿態，我們不該也不必加以反對，只要能有心量來研究和容忍我們東方的宗教文化，我們東方的民族，自也可以接受西方宗教——基督教的發展，如果真是值得接受或值得發展的話。最低限度，這一姿態，已較一般只知詆毀東方宗教文化的基督徒們，要高尚得多，也高明得多。不過，宗教與宗教之間的相互諒解或彼此容忍，是應該的，若想以各自所信的宗教而去隨意解釋他人的宗教，卻是不必也不該的。宗教與宗教之間的境界，我們來作客觀的比較則可，若以各個宗教的基本精神拿來混為一談，那就不可以了。因此，我的朋友見了《景風》雜誌創刊號中有一篇題為「佛教也有上帝嗎？」的文字，主張：「因地方語言有異，探見真理者深淺不同，把真理有名為『上帝、道、靈、真如、佛性、法性』以及儒家所說『天』等。」希望筆者提出若干論證，糾正這一含混不清的觀念。其實，筆者從不小視任何的宗教價值，基督教之能夠流傳至今，仍然有其數量相當可觀的信徒，自亦有其偉大之處。但是我只信佛而不信基督者，當然有以為佛教高超過基督教的理由。其中的原因之一，便是佛教流傳的地區，雖然受到了宗教天才的益處，卻不曾受過宗教天才的劣點——例如西方的一部宗教史，幾乎便是一部血淋淋的戰爭史！這在佛教流傳的地區是不曾經驗過的（像泰國是佛教國家，故其不但沒有宗教戰爭，即使屢次的政變，也是不曾流血的）。但是佛教的偉大之處，還是在於種種境界上的層次分明，這在基督教是絕對趕不上的。

在探求真理的程度上，佛教是不是高或深過基督教？基督教的上帝，能不能跟佛教的佛性相提並論？應從兩方面來研究：一是宗教的演變，一是宗教境界的層次。

一、宗教的演變

我們從歷史上看來，可以發現一個奇特的現象，那就是世界各大宗教的發祥地或發源地，多在中東或中東以東的地區，基督教的前身是猶太教，猶太教是中東的產物，伊斯蘭教也是中東的宗教，至於佛教，雖然產自印度，但佛教是印度的新宗教，又是基於婆羅門教的教理加以改革和創新的宗教。婆羅門教是雅利安民族的產物，據史家考證，雅利安民族又不是印度的土著，而是來自中央亞細亞的一個外來民族。以他們的語言系統來分，梵文是屬於印度歐羅巴語族，這一語族中，包括印度波斯支語族、色雷斯弗里住支語族、波羅的斯拉夫支語族、希臘支語族、義大利支語族和條頓（日爾曼）支語族。可見雅利安民族與今日西方民族的關係，遠較與東方民族更為接近。因為根據研究：「在遠古之時，梵文、波斯文、希臘文、羅馬文、德文及攝語（蘇格蘭、威爾斯、愛爾蘭等高地人民所用語言），似屬同出一源，有基本相同之處，以父母之稱為例，梵文稱 Pitā 和 Mātā、波斯文稱 Pidar 和 Madar、拉丁文稱 Pater 和 Mater、英文稱 Father 和 Mother。」（見周祥光著《印度通史》十九頁）雅利安民族之入侵印度的時間，各說不一，有的以為「當在西紀前一千二百年左右」（見周祥光《印度通史》二十頁）；有的說「其一支大約在公元前一五〇〇年或以前移入印度。」（見李志純編著《印度史綱要》），但其來自中央亞細亞，頗近於波斯人及歐洲白人，則已為近世史家所公認。我們從這些根據上，明白了印度的雅利安民族，乃是帶有部分西方色彩的東方人，並且還可看出，雅利安民族的原始宗教，和今日的基督教，還有一點蛛絲馬跡的血統關係。我們知道：「猶太人有一部經典（《舊約》），是宗教書，同時也是民族史，最初記錄成書的是摩西（Moses）（公元前一五〇〇年），後來陸續增加。據《舊約》記載，猶太人大約在公元前三〇〇〇年遷入巴勒斯坦（Palestine）。」（見方豪編著的《外國史大綱》）至於猶太教的興起，正因為：「那時候，伊色列四周的異教愈加衰退：在波斯與巴比倫……在埃及與敘利亞……在希臘拉丁的……，於是伊色列乃真正地最高度地成為上帝之民。」（見法國勒南著的《耶穌傳》）可見在基督教的前身猶太教尚未興起之前，中東地區的宗教極為複雜，印度的雅利安民族，既是來自這一地區或這一地區的鄰近，其宗教信仰，自亦不能不受這一些地區的影響。據研究：「我人推知梨俱吠陀時代之雅利安人，有如德國梵文學者溫德尼茲 Winternitz 所謂當日雅利安人為果決行動樂觀好戰之人民，然有野蠻習氣。我人在梨俱吠陀聖歌中，很難找出柔和，苦行，厭世之字句。」（見周祥光《印度通史》）《梨俱吠陀》

約成於西元前三千年左右，那時的雅利安人，還沒有移入印度，並且還早過摩西起草《舊約》一千五百年左右。但是我們在《舊約》之中，看到種種殺伐戰爭的記載，似與梨俱吠陀時代「樂觀好戰」、「有野蠻習氣」的雅利安人，有些相近。同樣地：「基督教最初也不過是這些東方宗教中之一種而已……該教所根據者，乃是先前東方及希伯萊人之宗教經驗……。」（見桑戴克著《世界史綱》），我們雖不必說這裡的「東方宗教」是有婆羅門教或佛教在內，但此二者卻正是東方宗教，那麼此二者對基督教自也不能說沒有影響的可能。不過從猶太教的耶和華而演變成基督教的三位一體，乃是一大昇華。我們再看印度雅利安民族之有創造主梵天觀念之出現，是在後期《吠陀》產生之後，約摩西時代的左右。這一梵天的觀念，和梵天的境界，實相當於猶太教的耶和華。然而基督教的三位一體，雖由猶太教的民族保護神耶和華經過一千五百年到耶穌時代，而變成「博愛」「世人」的「救世主」，終因耶穌的魄力和智慧的不夠，他不能擺脫《舊約》，尤其是不敢擺脫《舊約．創世記》的神話傳說，即使耶穌的年代，也遠在釋迦牟尼之後。釋迦牟尼與耶穌，雖同為兩個宗教世界的革命家，但釋迦牟尼的魄力和智慧，卻遠超過了耶穌之上。雖然釋迦牟尼與耶穌的動機相差無幾，但其成就則相去太大了。佛教之能在印度產生，是因為：「約在西紀前第六七世紀間，以祭祀為主之婆羅門教已失卻民眾之信心，同時因婆羅門僧侶之腐敗墮落，紊亂達於極點，因之倡導改革者亦接踵而起。」（見《印度通史》）耶穌之要宣傳他的主張，亦在不滿意當時那些虛偽狹窄的猶太教徒和猶太教義，耶穌特別不滿意猶太教的法利賽文士——偽君子，而倡導宗教的實踐和宗教的經驗。可惜，正因為耶穌未能擺脫《舊約》的束縛，他所倡導的宗教，終究還要走向猶太教的老路，以致造成大大小小的許多宗教鬥爭！佛教的釋迦牟尼，可就不同了。筆者且錄一段《印度通史》中的敘述：

佛教傳播之原因：

（一）佛陀宣法，真誠坦白，且其教理純潔簡單（此係指原始佛教的情狀，如四《阿含》中所記載的四諦、十二因緣等），一掃婆羅門之繁文縟禮……。

（二）……佛陀當日曾命令其弟子，分赴各地宣法……且其寺廟所在之地，成為民眾教育之所……。

（三）佛陀個人之生世、苦行宏法以至涅槃，在在足以引起人民之嚮慕……何況佛陀之生活與經驗，使人民親身接受，較之誦念吠陀經典為事，不可同日而語。

（四）……佛教主張眾生平等與人類愛……。（下略）

釋迦牟尼通曉了印度婆羅門教的所有一切經典之後，又見於當時婆羅門僧侶的腐敗，人類社會的不平等（當時的印度，有四種極為嚴格的社會階級），和出遊四個城門的感觸，才想求取一種究竟徹底的解脫法門。所以佛在成道之後，雖不全部揚棄或否定婆羅門教的經典之價值，卻已擺脫也超出了婆羅門教的所有觀念之上。佛教雖有婆羅門教的優點，且有過之而無不及，卻沒有婆羅門教的任何弱點。所以這一宗教的改革運動，比起耶穌的努力，耶穌是追趕不上的。也許因為印度的雅利安民族，到了釋迦牟尼的時代，便形成了東方文化的特色，而成為純東方的宗教思想；猶太民族則雖至耶穌時代，仍然保留著其原有的氣質，而且這一氣質，竟又助長了西方文化的特色。

我們說到這裡，如果筆者的看法沒有錯誤，便可得出一個結論：佛教與基督教的原始民族，可能是相當鄰近的，這兩個原始民族的宗教思想，可能也有一些血統關係的。但是，由婆羅門教而演進到佛教，由猶太教而演進到基督教之後，彼此的形式和內容，便不能相提並論了。佛教擺脫了印度原有的梵天創造萬物的舊觀念，而提出了一個合乎近代的科學原則的「因緣論」，所謂萬法因緣生，萬法因緣滅，不承認創造主與破壞神的觀念，所以佛陀乾脆是無神論的。基督教雖將神愛的範圍擴大，雖將上帝的觀念人格化了——主張耶穌本人是上帝的道成肉身，上帝與人之間，有了耶穌的媒介溝通，不復再像猶太教時代的耶和華，那樣冷酷無情了。只可惜，耶穌仍以神的權威或利用神的權威來教化當時的民眾。

二、宗教境界的層次

在沒有詳細說明佛教和基督教各自境界的層次之前，筆者想先抄錄一段人家已說過的話，做為研討這一論點的開頭。

近人印順法師曾說：

比多神教高一級的，應該是一神教。這在三界中，自兜率天以上，一直到初禪的大梵天。大梵天即世界的創造主。梵天說：這世界，世界的一切，以及人類，都是從他而有的。印度傳說的創造神，近於希伯來傳說中的耶和華。大梵天以下，有著政治形態的天國。到達大梵天，有一無二，名為「獨梵」。所以在宗教中，這是唯一神教。大梵天（包括梵眾、梵輔——天國中的臣民）是超欲界——超過屬於情欲世界的。屬於情欲世界的統治者，是他化自在天王——魔王，與基督教的撒旦相近。一神教，比多神教的神格，高尚得多。依佛法說：貪欲心極微薄（物欲與男女欲，都沒有了，所以說：要以心靈來崇拜他）；瞋恚也沒有了（神是完全的愛）。但我慢卻特別強，總以為自己最高：自己是常住不變，是無始無終，是究竟自在；是一切的創造者，一切的主宰者。由此神格的特點，凡是一神教，都充滿了唯我獨尊的排他性。佛經中說：一次，馬勝尊者到大梵天去，大梵天正在宣揚他是：常住、究竟安樂、人類之父等教說。大梵天見到馬勝，怕尊者揭露他的真面目，就拉著尊者的手，到僻靜處，請他不要說破。這雖是傳說，卻說明了大梵天的不究竟，不但有著狂妄的自我慢，還有矯誑心呢！（以上摘自印順法師著《佛在人間》四十一頁）（編案：今收錄於《我之宗教觀》十四至十五頁）

筆者摘錄這段長文，不是為了偷懶，只是希望借用它來給讀者師友，先有一個大略的概念；尤其希望引用印師的這段文字，做為這一問題的先導或佐證。

我們先說基督教的境界層次，其實基督教，極其簡單，根本沒有什麼境界的層次可說，其最主要的關鍵是在一個「信」字，以為信者得救，不信者沉淪。不過在這「信」字之中，尚含有個「行」字，即是凡為信了耶穌基督的人，必定去遵行上帝的律法，所謂律法，便是有名的十誡，並且要求很嚴，比如說：「因為凡遵守全律法，只在一條上跌倒，他就是犯了眾條。」（《雅各書》第二章第十節）但在遵行上帝的律法之後，不一定就會真的進入上帝的天國，還要蒙受上帝的愛護之下，到所謂世界末日那天，才會被耶穌率領的天使們，從墳墓裡一個個喚醒，一個個拉上天去。上天之後，也只能和上帝共同做王一千年，便又回到人間的以色列地方，和魔鬼們重新展開鬥爭。這些詳情盡如《新約．啟示錄》中所記載。

如說基督教也有其境界層次的話，那只有兩個：不信者沉淪，信者得永生；不是下地獄，便是上天國；不是魔鬼的臣屬，便是上帝的子民。一般人之容易接受基督的信仰，可能就是因為基督教的道理簡單，只可惜簡單而欠明瞭！同時，我們必須一提，「人」在基督教中是沒有境界或地位可言的，即使有地位，那也只是一些上帝面前的罪人而已，並且這一罪惡的來源，又是出自上帝，因為人是上帝造的，罪惡之來，實也即等於出自上帝的安排！關於上帝和真理的問題，到後面再說。

我們再說佛教境界的層次，佛教的開始，自也在於一個「信」字，所謂「信為道源功德母」，餘如「信願行」、「信解行證」，便是說明由信之後的階段或過程而到達究竟的目的。不過佛教的境界層次，太繁複也太細密了，若要一一舉例詳解出來，實非本文的篇幅所可消化。現在只能舉其一而望收效於反之三了。

佛法看眾生，共分四聖六凡，所謂四聖便是佛、菩薩、緣覺、聲聞；所謂六凡便是天、人、阿修羅、畜生、餓鬼、地獄。平常所謂的六道生死輪迴也即指此六凡，因其沒有了脫生死，故稱六凡。在六凡之內又分大類別為三界，所謂三界，便是欲界、色界、無色界。在每一界之中，又分出許多層次。所謂欲界，是指上自六欲天，下迄無間地獄。所謂六欲天，也就是欲界之中，在人之上，共有六個境界——四天王、忉利天、夜摩天、兜率天、化樂天、他化自在天。在人生境界之下，便是阿修羅、畜生、餓鬼、地獄。六欲天的六個境界的詳情不細說了。

至於欲界上層的色界，便是所謂四禪天，共分四個境界。第一，是初禪天，初禪天之中，有大梵天、梵輔、梵眾的三種類別，這便是被一般認為是基督教的天國，實也相近於基督教的天國。吾人只要諸惡莫作，眾善奉行，修了禪定，要求生入這境界是不難的。我人若在這個境界之中，除了眼睛、耳朵、身體和思想而外，沒有嗅覺和味覺的作用，所以不用吃喝也不聞香臭。第二，是二禪天，二禪天之中又有少光、無量光、光音的各類別，在這境界裡，除了思想（意識）的作用之外，五官全部不起作用，其實是以思想主宰五官而也代替了五官所發生的功用罷了。第三，是三禪天，三禪天之中又分少淨、無量淨、遍淨三個類別，在這境界裡，據《禪法要解》卷上說：「得二禪大喜，喜心過差，心變著喜，生諸結使。以是故，喜為煩惱之本。……喜是悅樂，甚為利益，滯著難捨，以是故，佛說捨喜得入三禪。……復次喜為粗樂，今欲捨粗而求細樂，故言離喜，更入深定，……第三禪身受樂，世間最樂無有過者。」再說第四的四禪天，四禪天中分無雲天、福生天、廣果天、無煩天、無熱天、善見天、善現天、色究竟天，一共八種類別。這裡境界，根據《禪法要解》卷上說：「若比丘斷樂斷苦，先滅憂喜，不苦不樂，護念清淨，入第四禪。……第四禪名為真禪，餘三禪者，方便階梯。……是故第四禪佛說為不動處，……又名安隱調順之處。」這四禪天的四個境界為什麼要稱為色界？是因為在這四個境界之中的眾生，雖已沒有了食欲、淫欲以及一切的物欲，但其仍要執著於色形體相的存在，所以稱為色界。

再說色界之上的無色界，無色界中又分為自下而上的四個境界：空無邊處、識無邊處、無所有處、非想非非想處，所以又被稱為四空處與四念處。現在我們將這四個境界，逐一略加引解：第一，空無邊處，又稱為虛空處或初無色定。《禪法要解》卷下說：「行者繫心身內虛空，所謂口鼻咽喉眼耳胸腹等，既知色為眾惱，空為無患，是故心樂虛空。……令身中虛空漸漸廣大，自見色身如藕根孔，習之轉利，見身盡空，無復有色。外色亦爾。……是時心緣虛空，無量無邊，便離色想，安隱快樂。」從這裡我們可以明白，所謂界，所謂天，乃是心理上從宗教實踐中得來的種種境界，並非一定要等我人死了之後才能生天的。無色界亦無天可住。即使到了佛的境界，也不例外，如釋迦世尊，成佛之後仍在人間，絕不是佛滅之後，才算成佛的。基督教主張道成肉身，佛教則既主張肉身成道，也主張道成肉身——諸佛菩薩的隨類化身。第二，識無邊處，也叫識處，《禪法要解》卷下說：「習於識觀時，漸見識相相續而生，如流水燈焰，未來、現在、過去，識識相續，無邊無量。……是名無邊識處。」識是心識、意識或識田，就是眾生生死輪迴中的一種主體，也可以說是我人的自性或本性。到了識無邊處的境界，就可看到我人的本性是流轉不停也繼續不斷的，過去的我、現在的我和未來的我，只有一個，這一個我永遠要對自己的一切思想和行為負責。第三，無所有處，《禪法要解》卷下說：「行者得識處已，更求妙定，觀識為患，……屬諸因緣而不自在；有緣則生，無緣則滅，識不住情，亦不住緣，亦不住中間，非有住處非無住處。……行者如是思惟已，得離識處，……即入無所有處。」在這一個境界裡，我們便可觀察到緣生性空的道理了。無依無靠，也不依不靠。但又安安穩穩，不搖不動。第四，非想非非想處，《禪法要解》卷下說：「今寂滅微妙第一處，所謂非想非無想處。如是觀已，則離無所有處想地，即入非有想非無想處。……此地中想微細不利，想用不了，故不名為想。」根據佛教的觀點，三界二十八天，欲界與色界的二十四個天，是有天界之存在的，到了無色界的四個天，即連天的形相都沒有了，那純是定的境界，在何處入無色界定，何處即是無色界天。

本來佛法的境界甚深微妙，不容易用文字來說得明白，以上所舉，不過是三界之內的境界，而且只是人的境界之上的一個天界。眾生即使到了非想非非想處天，還在生死大海之中。

現在繼續介紹四聖的境界，也就是眾生超出三界生死或六道輪迴以後的境界。前面說過，四聖就是佛、菩薩、緣覺、聲聞。這四個境界究竟有什麼區別呢？我們且做一個簡略的解釋——當然不是描寫，也無法描寫的。由下向上說起：第一，聲聞，什麼叫作聲聞？簡單地說就是：「若人從他聞，受他教，請他說，聽他法，非自思，非自覺，非自觀。上正決定，得須陀洹果、斯陀含果、阿那含果、阿羅漢果。是名聲聞人。」（見日人木村泰賢著，演培法師漢譯《小乘佛教思想論》）聲聞共分四個果位，須陀洹是初出三界，剛入聖道或聖域的眾生，又稱為入流或預流，亦即聖位的預備者。斯陀含又叫作一來，凡是得了這一果位的眾生，尚須來到人間或六欲天中受生一度，以後則不再受生了。到阿那含，又稱為不來和不還，到此果位，便不再受生。到阿羅漢的果位時，三界之中的一切見思惑，便可全部斷盡了，所以含有殺賊、應供、不生的意義。因為得阿羅漢果之後，一切三界中的見惑與思惑之賊都殺光了，也該接受人間和天上的供養了。第二，緣覺，所謂緣覺，便是：「若人三十二相不成就，亦不從他聞、不受他教、不請他說、不聽他法、自思、自覺、自觀。上正決定，得須陀洹果、斯陀含果、阿那含果、阿羅漢果。於一切法無礙知見，心得自在，心得由力自在，心豪尊勝貴自在，非知見無上最勝正覺，非成就如來十力、四無所畏、大悲、轉於法輪。是名緣覺人。」（見《小乘佛教思想論》）由此可見緣覺人是以自己的力量而證得四個果位的，他別於聲聞之處，大略亦即在此，所以緣覺，又稱為獨覺。第三，菩薩，根據《大乘義章》的解釋：「菩薩胡語，此方翻譯名道眾生，具修自利利他之道，名道眾生。」講到菩薩的境界，乃是眾生修行道上的一大轉捩，和一大躍昇，因在菩薩境界以下，只知自修自利，自求解脫，一到菩薩的境界，便是上求下化，自利利他，兼修不退了。自己求解脫，並勸一切眾生皆能求解脫，自己知道不解脫便不究竟，也體驗出一切眾生未得解脫之苦惱。所以菩薩，有被譯成覺有情（眾生）或大覺有情的。同時，菩薩的境界，也是我人成佛道上的必經階段，若不修行菩薩道，必不能夠成佛。所謂菩薩道，是自利利他之道，且以利他為先，正如中國儒家所說的「先天下之憂而憂，後天下之樂而樂」，或如「苟一人而不被其澤，猶己推而溺之溝中」。悲天憫人，不再有利己的打算，然在其救度眾生之中，菩薩的福德智慧，不期然而然地就會漸漸圓滿，漸漸達於佛的境界。所以菩薩雖有「廣度眾生」的大悲弘願，卻未必真要等眾生盡了之後，菩薩才能成佛。第四，也就是佛教的最高境界——佛，佛是自性圓成，萬德莊嚴，大徹大悟，大覺智慧，一切圓滿，無上究竟的一種境界，他是通過六度萬行之後一種最完美的境界。這一境界的好處唯佛與佛乃能知之，我們凡夫，則無從體驗出來，所以寫了再多的抽象名詞，也等於廢話！

此外，佛教但以大乘菩薩的修行過程來說，也有好多個階位層次：菩薩修行之先，必須要以十信為基礎，由十信而到十住，自十住再至十行，經過十行然後是十迴向，自十迴向而十地、等覺、妙覺。因為篇幅關係，這些名數，不便一一解釋了。現在略舉大端，求一概念而已。

筆者寫到這裡，再看基督教的境界層次，實在是無法同日而言。不過筆者需要一提，有些愛好速成而貪圖便宜的人，每看到佛法內容，無邊無涯，高深莫測，再聽說眾生成佛的時間，要經過三大阿僧祇劫（劫是一個很長很長的時間單位），不免要望洋興嘆或知難而退了。倒不如去信耶穌基督，只要一信，死後就會承蒙主來召去天國，該是多麼簡單容易！因為一信基督，所有的罪惡，都被耶穌代受了，自己也就變成一個無罪的天使了。這在基督的信徒來說，乃是毫無疑問也不許可有疑問的。但我們試問：基督徒的最高境界是什麼？是不是就是三位一體的上帝？那麼基督徒得到聖靈的降臨之後，能不能說這位基督徒，跟他所信上帝的境界是並駕齊驅或等量齊觀了？若說是的，那麼上帝究竟是一個還是無數個？我想，這在基督徒們是很難答覆的。也就是說基督教的教理是很難使其圓融無礙的。

現在我們談到主題上去，佛性和上帝，是不是就是一個東西？所謂真理只有一個，耶穌曾說他是真理道路和生命，又說他是上帝的殿，一切信徒也都是上帝的殿。上帝既即是真理，所以認識了真理，也就等於識得了上帝，上帝也就住進了他的心中。那麼佛性當然也不會離開真理，佛性既然就是真理，而真理即是上帝，佛性豈不即等於上帝了？其實這種說法是極為勉強的。佛性是人人都有而且眾生皆有的，佛教徒固有佛性，非佛教徒乃至無惡不作的歹徒和一切所有的動植物，無不都有佛性，所以佛教裡有「生公說法，頑石點頭」的傳說。諸佛是悟了的眾生，眾生是未悟的諸佛，若說上帝即是佛性，那麼也就可以這樣說了：上帝是當了上帝的罪人，罪人是未當上帝的上帝；上帝是成了上帝的魔鬼（因罪人是受了魔鬼的煽動，也等於魔鬼的化身），魔鬼是未成上帝的上帝。這在基督教裡可以說得通嗎？不行的，基督教不承認非基督徒的內心，會有聖靈的存在或可能，不信基督永遠不能得到生命和真理。但在佛教中，緣覺的聖位，是靠自修自悟和自證的，基督教有嗎？基督教雖主張「愛你的敵人」，但在《約翰福音》中又說：「使得信他的人不致滅亡，反得永生。」耶穌代世人贖罪，實際上只代「信他的人」贖罪，而把「膽怯的、不信的、可憎的、殺人的、淫亂的、行邪術的、拜偶像的和一切說謊話的，他們的分，就在燒著硫磺的火湖裡」。（《啟示錄》第二十一章第八節）因為，在基督教的心目中，這些人都是不可救藥的了。佛教呢？佛教的菩薩悲願，卻是「眾生無邊誓願度」、「地獄未空，誓不成佛」。佛教的態度，絕不拋棄，也絕對不忍拋棄一個急待拯救的愚昧眾生，正因為一切眾生皆有佛性，試問：基督教也有這種心量嗎？

不錯，佛教不以基督徒沒有佛性，即使基督教的上帝，如果真有這麼一位上帝的話，佛教也會承認他有佛性的。但要硬說「上帝、道、靈、真如、佛性、法性」是一個東西，那是講不攏也講不通的。假如基督徒們以為佛教的佛性，在基督教便是上帝，只要基督教的《新約》、《舊約》不加反對，佛教絕對同意，但要說《新約》、《舊約》中的上帝，便是佛經裡的佛性，佛教實在不能苟同。因為佛性絕對不像基督教的上帝呀！佛教有種種階位境界的層次，只要實踐，便有各種境界的兌現，因為層次太多，成佛不易，所以經過時間必長；基督教沒有什麼階位境界的層次可說，除了十誡，沒有什麼可以實踐，所以也談不上有何境界的兌現，即使有個死後的天國，也是不甚可靠的境界（前面說過，基督的信徒，不一定全部能進天國，那是上帝的權威，上帝有這樣的權威）。實際上，像《啟示錄》中所描寫的天國境界，在佛教是很容易實現的，但那絕對不是成佛！

寫到這裡，這篇文字應該結束了。然我最後仍得有個結論：筆者以為基督教的上帝相似於佛教的梵天，但不必說基督教的上帝，就是佛教的梵天王。所謂「道成肉身」的耶穌本人，以他犧牲殉道的精神來看，實也類似於佛教中的菩薩化身，所以筆者不一定要說耶穌仍是欲界之中的凡夫眾生。耶穌只因受了《舊約》的束縛，才造成後來基督徒的演變。耶穌所嚮往的真理，也許相當於佛教的佛性，基督徒所叫喊的真理，則不是佛教的佛性。佛教的佛性，固然是真理，但卻不以為因了上帝不是佛性，而連上帝也不是真理（尤其是泛神論或人文主義者所說的上帝。不過基督教的上帝，和泛神論或人文主義者的上帝，還有若干距離）。筆者以為真理雖只一個，各人或各個宗教的所見，卻有深淺偏圓之別。若是僅僅見到真理的一線光芒，便以為是跳進了真理之海，或以為已將真理吞下了肚，那是很可笑的。不過佛教與基督教，在教人追求真理和認識真理而把自己也變成真理。所以有人以為「迷信宗教比不信仰宗教好」，進一步應該要說「正信比迷信好」。筆者無意否定基督教的宗教價值，可是西方世界兼受了宗教天才的益與害。因此，筆者覺得，如今能有像《景風》雜誌的風度，肯以基督教的教理和佛教衡量或比較，雖然比得並不恰當，總還是個可喜的現象。記得曾有一位張純一先生，主張過佛化基督的理由。今日香港道風山的先生們，好多是從佛教裡走過去受洗（也許是寄養罷）的，但望他們根據佛理，一改舊有的基督教理。到那時候，上帝和佛性的問題，也許真會變成不是問題的問題了。

（刊於《中國佛教》三卷二期）

再論佛教與基督教的同異

筆者於《中國佛教》三卷二期發表〈論佛教與基督教的同異〉一文之後，仍覺得有一補充的必要，但因身體不好，所以一直拖到現在，才繼續這一工作。

首先我要聲明，我之討論這一問題，雖是抱著弘揚佛法的態度來寫，但我絕不希望存有入主出奴的觀念，而來仇視或曲解基督教的教理及其基本的價值。我們唯有從客觀的角度上，來看佛教和基督教的同異，才能求出其真正的同異和優劣之所在。否則，光說自己之所長，專揭他人之所短，那便失諸公道，不是仁者的態度，更非我們學佛者所應有的心懷。

佛教和基督教最大相似的特性，實在不是上帝和佛性觀念的平等，而是佛陀與耶穌兩大宗教教主的人格的建樹，故本文的寫作亦將著重於這兩大人格的研討，這樣寫來，似較切乎實際。如果放棄了佛陀具體的人格，佛教固然無從建立，佛法也無從說起，因為佛教是根據佛的言行而來，佛法仍是從佛陀的人格之中流露出來；基督教如果放棄了耶穌的事蹟，基督教的上帝，永遠是個烏有先生，基督教的流傳也永遠不著邊際，正因耶穌的出世，曾表達了上帝的愛心，耶穌的人格中曾流露了上帝的特性，所以耶穌是個落實的人，基督教才能有所依靠。佛陀以前的印度古宗教——婆羅門，只有空洞的一個「上帝」，做為人民的信仰；耶穌以前的希伯來古宗教——猶太教，也只有一個空洞的「上帝」。雖將一切不解而又實際存在和發生的種種自然現象，都歸諸於「上帝」的賞賜和懲罰，但那種觀念，實即是人類之中最原始或迷信的宗教情愫，所以那是善的，同時也有惡的成分。自佛陀與耶穌先後分別在這兩個不同的區域中誕生以後，事事以身示教，處處以身作則，繼承舊有觀念中的美德，推翻一切虛浮不合理的積習，而為我們的人類世界，樹立了兩大宗教。在這一點上，耶穌與佛陀實有相似的偉大之處。

其次，我們談到宗教，就不能不研究宗教的教理，直到目前為止，佛教固有原始的、小乘的、大乘的佛典以及歷代高僧大德的種種專著，所謂浩浩三藏，不盡勝舉；至於基督教，雖其全部《新約》、《舊約》所包括的僅有三百五十六萬六千四百八十個字母，七十七萬三千六百九十三個字，三萬一千節，一千一百八十九章，六十六篇，但是現有《新約》、《舊約》的六十六篇，並不等於所有基督教的著作，尚有一些耶穌以後的作品沒有蒐集進去，至於後來基督教所謂的神學，更不在其數了。不過我們發現一個問題，就是說佛教和基督教的典籍之中，經過史家的考證，證明都有後人偽造假託的文字存在，尤其是基督教先期的典籍，幾乎沒有一部真正信實的作品。我們知道釋迦世尊說法四十多年，但是並未親手著作一部東西，當今流傳的種種佛經，乃是佛滅之後由阿難重說並請佛的諸大羅漢弟子的印證，才相傳下來的，同時當初的結集佛經，也並未立刻做成文字的記錄，其流傳的方法乃靠口頭的傳誦，經過若干年代的以口傳口，失真的可能，自也難免。然而，佛陀的教理，雖然流傳至今，經過兩千五百多年之後，仍然不見基本觀念上的矛盾，而且愈到後世，愈能適應時代的思潮。至於基督的教理，其實基督教雖也有著很多的著作，也有著若干思想家的整理和發揮，但到目前為止，仍然矛盾百出，無所適從，單為一個

「三位一體」的問題，討論了許多世紀，還是鑽在牛角尖裡。所以近世有些基督徒們，乾脆承認：以《新約》、《舊約》解答《新約》、《舊約》的矛盾，永遠都是矛盾的死結，只有靠著上帝的啟示來做上帝喜歡的工作，才是基督徒的最大使命。事實上，我們如果明白了耶穌的出身，也就不必從教理上對基督教有所苛求了。歷史告訴我們，釋迦世尊生於王家宮廷之中，對於知識及生活的教育與環境，自要優人一等，加上釋迦世尊的悟性超人，故從佛的悲智之中流露出來的佛法，自無矛盾可言。而耶穌呢？耶穌生於加利利名叫拿撒勒的一個從未知名的小城中，他的父親和母親，沒有任何社會地位可說，僅靠做木工的手藝維持一家的生活，耶穌的童年和少年，也就消磨在他父親的工作場中。所以很自然地，耶穌沒有受過良好的學校教育。同時耶穌的生長地雖靠地中海，而與希臘僅僅一海之隔，但是猶太民族之反對希臘文化，又是非常深刻的。因此，生於那種環境中的耶穌，絕對不可能吸收到任何一點來自希臘文化的養料。所以我們不難想見，當日的耶穌，除了一部他所熟知的《舊約》之外，實在一無所知。正因為耶穌本人的知識淺薄，他沒有像佛陀那樣，常做系統的說法，至於「佛在某地與大比丘眾，千二百五十人俱」的說法場面也不是耶穌所能際遇。耶穌傳他所謂「天國的福音」中，最可愛的莫過於「登山寶訓」，但當作此訓話的時候，他的十二門徒之中，才只召了彼得、安德烈、雅各、約翰四個人，這雖與佛初成道於鹿野苑，初轉法輪度五比丘的事蹟相似。可是佛陀的初轉法輪，乃是佛陀說法或佛陀慧命的開始，愈往後去則法味愈醇，法海愈深。至於耶穌，他在最初傳道，登山訓眾的時期，的確非常可愛，對當時的民眾來說，有耶穌那番言論的出現，實無疑是寒冬的朝陽，那麼和煦溫慰，充滿了人與人間的愛心。也就因有這一可愛的寶訓安慰了近二千年來的許多西方人，同時也因此而支持了基督教歷史的存在。然而不幸得很，因為耶穌的淺薄，所以耶穌的情感往往埋沒了他的理智，尤其當他以精神治療的方法醫好了一些病人，並以小小的神通顯了一些神蹟之後，他的思想便漸漸趨於極端，而不能容忍外在的一切。所以耶穌傳道，一共僅僅數年的光景，在這期中，最為可敬可愛的卻只最初傳道的一個階段而已。由於耶穌的情感征服了他的理智，他的言論自也無從求其邏輯性的一貫了。特別是當時的耶穌，所謂的傳道，多半只對少數親信的門徒公開，對於大眾的要求，似乎僅僅表現於治病上面了，致到耶穌死後，門徒們從事四福音的編寫，加油添醋，益發增加耶穌的神祕氣氛，在所必然。可是耶穌本人就是一位經常在矛盾重重的心理狀態下，由登山訓眾而走向耶路撒冷殉難之道的人，他的心境自也不是四福音的執筆者所能洞悉。於是耶穌的矛盾再加上《新約》執筆者們的矛盾（耶穌的門徒對於耶穌的情操，往往感到惶惑不解），基督教的《新約》，也就為後世的基督徒們帶來了見解和制度上的矛盾。宗教的戰爭，也就因此而起。這實在是基督教的不幸，也是人類歷史的不幸！這種現象，釋迦世尊不曾有過，釋迦的佛教也不曾有過，所以佛陀不必要求以死殉道，而資激發信徒的宗教狂熱；佛教的教徒也不必發動對外或對內的戰爭，做為發展佛教的手段和方法。這也明白表示了鬥爭不能解決任何問題，解決問題的最佳途徑乃是在於推誠相見的彼此諒解。當然，耶穌的言論，雖然不能前後一貫，他的可愛之處，我們也不必予以抹煞，基督教徒如果放棄了耶穌性格中的劣點，而採取其優點來實行於人間，自屬人間的一大福音。基督教徒之能夠廣做慈善救濟事業，實為這一優點表現的一面。

根據史家的研究，流傳的福音中，固以《馬太福音》寫得最好，同時也只有《馬太福音》的真實性較高。筆者以下對於耶穌言行的引證，也將以《馬太福音》為主。

耶穌最初傳道之先，也像佛陀一樣，曾受魔鬼的干擾，不過佛陀降魔的場面比較耶穌的接受魔鬼試探，實在大得多，真所謂道愈高，成就愈大，所經的魔障自也愈大。這種魔障，我們可以承認實有其事，也可以解釋成為種種內在妄想邪念的化身。正像我人每當要決定做一樁事情的最後關頭，內心必有一番理智和情感的掙扎。但是佛陀一旦降伏魔王魔女和魔軍而明心見性之後，佛的情緒便像一潭冰清玉潔的靜水，一望見底，明淨透徹，不會再有任何煩亂或顛倒情緒的顯現。所以佛陀的一生，雖然處身於思想繁雜、見解混亂的時代之中，佛陀以一身而負起思想和宗教的兩大革命任務，仍能屹然雄立於世，壽達八十高齡，實不能不歸功於佛陀悲智的清明；如請耶穌生於佛的時代和環境之中，恐怕不待出外傳道，便會因他特有的激情而死於非命了。因為耶穌在傳道之先接受魔鬼的試探，耶穌在傳道之時直到走上十字架的那天為止，魔鬼的陰影，似乎常常時近時遠地跟在耶穌的背後。自然，的確曾有幾次，魔鬼離開耶穌很遠，所以耶穌的本人也顯得特別明朗和特別可愛，例如當他說出下面這些話的時候：

虛心的人有福了，……哀慟的人有福了，……溫柔的人有福了，……飢渴慕義的人有福了，……憐憫人的人有福了，……清心的人有福了，……使人和睦的人有福了……。

你們聽見有話說「以眼還眼，以牙還牙」，只是我告訴你們，不要與惡人作對，有人打你的右臉，連左臉也轉過來由他打；……有求你的，就給他；……日頭照好人，也照歹人；降雨給義人，也給不義的人。

你們不要論斷人，免得你們被論斷。因為你們怎樣論斷人，也必怎樣被論斷；你們用什麼量器量給人，人也必用什麼量器量給你們，為什麼看見你弟兄眼中有刺，卻不想自己眼中有梁木呢？你自己眼中有梁木，怎能對你弟兄說「容我去掉你眼中的刺」呢？……我來本不是召義人，乃是召罪人。

像這種鼓勵人們努力為善，勸導人們忍辱施惠和相敬相愛的訓誨，實在是聖賢心量的流露，同時耶穌還特別舉出他所以為「最大誡命」的兩條之一，是要「愛人如己」。如說耶穌的博愛和基督教的崇高偉大之處，這些實在就是它的精華或寶庫了。然而，當耶穌本人受到若干群眾的崇拜之後，他對於自身即是上帝或救世主的信念，便漸漸增長起來，所以他要暗示他的門徒說：「你們說我是誰？」當彼得懂了耶穌的暗示而說：「你是基督，是永生上帝的兒子。」耶穌就特別喜歡彼得，但因當時的環境，絕不許可耶穌說出這種自負自尊的話來，所以耶穌又囑咐門徒不可對人說他是基督。可是他對自身即是基督的信念愈發堅強之時，他與他的神性或愛的本質，便離得愈遠，而與魔性或仇恨的觀念，也靠得愈近。尤其當他一說天國的理想，便要將人間的一切全部抹煞，而要人們絕對地效忠於他，單獨地為他而生活，純粹地只承認他的可敬與可愛，他要別人除了愛他以外，不得再愛第二個人，要人以為愛了他便等於愛了上帝和上帝的天國，例如：

誰來就我，而不恨惡他的父母妻子兄弟姊妹，也不恨惡他自己的生命，便不能做我的弟子。

誰不拋棄他所有的一切，便不能做我的弟子。

誰想做我的弟子，讓他否認了自己而跟隨我吧！誰愛父母甚於愛我，是不配做我弟子的。

誰愛子女甚於愛我，是不配做我弟子的。

耶穌還在對眾人說話的時候，不料他母親和他弟兄站在外邊，要與他說話。……他卻回答那人說：「誰是我的母親，誰是我的弟兄？」就伸手指著門徒說：「看哪！我的母親，我的弟兄，凡遵行我天父意旨的人，就是我的弟兄姊妹和母親了。」

我們看了耶穌的這番言論，自可同情他的用心良苦，因為他要統治人類，而想成為救世之主，可是以他當時那種微不足道的社會地位，以及他所處的環境和他本身的才具，都不可能成為人間的萬王之王，所以他只好加強他神化的權威感，叫人放棄了人間的一切而追隨他走向他的天國之路。然而不幸得很，這一方式的運用，又可使我們想起歷史上的許多暴君獨裁和野心家，當他們暴發突出於人世而又威赫不可一世的時候，每每總以為自己就是神的化身，或者也是神的使者。正因這一觀念作祟的結果，竟為人類的歷史，增加了許多悲慘的局面！當然，我們不必說這一觀念是耶穌的發明，但卻可以斷定，耶穌也是出自這一類型。這種問題或這一態度，在佛教中是永遠不會產生的，佛陀雖然成佛而又自稱為佛，並且佛陀的悲願也在度盡一切眾生，然而度盡眾生不是要征服眾生，同時佛陀希望眾生都皈依三寶，但卻不會叫人皈依三寶之後，就要恨惡世間的一切。學佛成佛，是從做人開始，人性的圓成，也就到達了佛菩薩的聖境。其實，佛教中學佛成佛的觀念，基督徒們永遠也不會理解，因為信佛是在學佛，學佛則在修學成佛之道；信仰基督教的上帝，絕不可稱為學上帝，或修學自身成為上帝的法門，乃在服服貼貼否定了自己及自己對外的一切人間的關係！誠然，我也沒有忽略，這些言論只是代表耶穌激情或狂熱的一面，但這狂熱的一面卻為基督教會帶來了不能容忍其他宗教的本質！

我們研究佛陀和耶穌的事蹟，很容易就可發現兩者之間行化或傳道的不同之處。雖然兩者之基本任務，同為宗教的改革，但是佛陀反婆羅門教而又並不趨於極端，佛陀只以卓越的智慧駁斥舊有宗教觀念的不合理處，仍然接受了舊有宗教觀念的合理之處，所以佛陀不唯能夠自求滿足，尤其還獲得了廣大群眾及思想界的同情，而來接受佛陀的法味。故在當時佛的弟子之中，固有很多下層社會的人物，但也有很多是國王大臣和長者居士——當時社會中的實力和知識階層；常隨佛陀聽法的出家弟子共有一千幾百個人，竟有一千弟子是來自舊有拜火教的迦葉三弟兄之處。這在耶穌的事蹟中就不曾出現。且耶穌出現於羅馬紀元的第八世紀中葉，活躍於羅馬英雄凱撒的時代，但是不唯羅馬政府的統治者不知有個耶穌的人物，即使派駐於猶太地區的羅馬總督也不知道耶穌的存在！所以耶穌的大門徒，如約拿的兩個兒子，彼得和安得烈，及西庇太的兩個兒子雅各和約翰，都是漁民的子弟，即使《馬太福音》的執筆者，被後人喻為是新生基督教之齊諾芬（古希臘的史家和哲學家）的馬太，也只是個小小的稅吏而已。至於那些被福音的執筆者誇大稱為耶穌以五個餅、兩條魚給五千人吃飽，又以七個餅和幾條魚給四千人吃飽，並且還除了婦女與小孩人數的那班群眾，實在也是一些貧病低微的人物。正因為耶穌的信從者都是窮人婦女和小孩，而少有（似乎等於沒有）上層社會實力或知識分子的同情，所以耶穌每每總要攻擊法利賽人和文士們，尤其不滿意政治制度的存在，他所標榜的天堂，實也僅是窮人和小孩的天堂。因此他說：「我實在告訴你們，你們若不回轉，變成小孩子的式樣，斷不得進天國。」又說：「讓小孩到我這裡來，不要禁止他們，因為在天國的正是這樣的人。」因他理想的天國無望在人間實現，所以也特別不高興人間的富翁，而要宣稱：「駱駝穿過針眼，比財主進上帝的天國還容易。」耶穌的傳道過程中，我們只見他以治病來使人對他感到神聖和驚奇，並以機敏的巧辯和種種的譬語來應付外來的問難，但卻很少（似乎根本沒有）曾以精闢境界的宣說使得他人感動信服，最令人難解的，是耶穌每用比喻向大眾講，然後再向門徒解釋一遍，他的理由是天國的奧祕，只讓門徒知道，不叫大眾知道，唯恐大眾知道了，回轉過來就得赦免。由此可見，耶穌對於天國福音的傳揚似乎很小氣；但他只痛恨他人的不去信從自己，而說出末日審判的恐怖，卻沒有發出弘大的願力，盡心盡意地去做個個度脫的工作，這與佛陀的心量，自又不能同日而語了。

我們從四福音中看出，耶穌生在當時，除了施洗的約翰曾經給過他同情和鼓勵，耶穌的宗教思想，是非常孤立的，最不幸的，連那僅僅一位同情者的施洗約翰，又於耶穌傳道的不久，便因他過激的性格和言論，死於統治階級之手！致使耶穌常有四面楚歌的感覺，同時環境對他愈是不利，他對環境的仇視和反抗，也愈加強烈，到了後來，他也明知如果長此下去，只有死路一條。尤其他要為了投合《舊約》預言中救世主的身分，他在傳道的後一半時間中，便渴望著一個殉難時機的來臨，而要對他的門徒說：「若有人要跟從我，就當捨己，背起他的十字架，來跟從我。」終於，他是不可避免，而又可惜太早地釘上了十字架。然而在他臨難前夕，他的內心卻充滿了複雜矛盾而又極為痛苦的情緒，福音中有著這樣的記載：「……帶著彼得和西庇太的兩個兒子同去，就憂愁起來，極其難過。便對他們說：『我心裡甚是憂傷，幾乎要死。』……俯伏在地，禱告說：『我父啊！倘若可行，求你叫這樣離開我。然而不要照我的意思，只要照你的意思。』」這一情緒顯示著耶穌仍不想死，但又不可能不死的痛苦和依戀的心境，其實如果他能理智溫和一些，他是可以不必死的。不過，這一狂熱而欠理智的宗教情緒所產生的宗教行為，固然激起了後人的虔敬之心，並為後世的基督教徒樹立了一個衛道犧牲的榜樣，但他也為後世的基督教徒，帶來了狂熱而欠理智的宗教情緒。特別是以耶穌當時尚不到四十歲的中年死去，對於基督教以及人類的文化，也是一大損失。如果耶穌去了他那特有的狂熱——其實是魔性，而繼續發揚他的神性或人性，並能享受他的天年，那麼今日西方的歷史文化，必將改觀，今日的基督教也必不復如此。這一點實在值得我們惋惜！佛教之能博大精深，流傳二千五百多年，仍未有過內部或對外流血的悲劇，正因為佛陀的人格是敦厚穩定而又通明透達的，所以從佛陀悲智之中流露開發出來的佛教，自也能夠不落於魔性的泥沼。

若從教義上說，佛教和基督教，有相同處，也有不同處。修學佛法共分五乘，即是人天、聲聞、緣覺、菩薩、佛。修持殺、盜、淫、妄、酒的五戒，只能求生人道乃至天道。修持不殺生、不偷盜、不邪淫、不妄語、不兩舌、不惡口、不綺語、不貪欲、不瞋恚、不邪見的十善業，才能必生天上。至於要求成佛，那就必須廣修六度萬行的菩薩道完成之後，方是佛果究竟的圓成之時（由布施、持戒、忍辱、精進、禪定、智慧的六度而統攝無量無數的一切法門，稱為六度萬行）。但是我們從基督教的《新約》、《舊約》中，很難找出能有類似佛教行持的廣大境界。當然，基督教十誡中的後六誡——敬父母、勿殺、勿淫、勿盜、勿妄證、勿貪他人之所有，以及「有求你的，就給他」、「人子來並不是要受人的服事，乃是要服事人」和「降雨給義人，也給不義的人」，像這樣的善行或道德價值，我們自可不加否定。但因基督教義沒有因緣聚散的物理觀念和因果輪迴的生命觀念，總不能把愛的心量擴大成為無極無限的同體大悲及無緣大慈的境界。耶穌不以為我人墮落以後，尚有改過自新的機會，所謂一生墮落則永久沉淪。耶穌雖曾說過一個浪子回頭的故事，也說他是來召罪人，不是來召義人，但那僅指人生當下一世，有此得救的機會，卻不承認生命於流轉生死而又無窮無盡的載浮載沉之間，隨時都有回頭是岸的希望。事實上，像這樣的境界，憑耶穌那樣的見識，永遠也不能想像出來的。所以，耶穌不以為一切眾生皆有得救的可能，同時即在人類之中，也必「被召的多而選上的少」，而把永生的天國和永火的地獄，畫成兩個形式不同而實則完全永久存在的境界，這與佛教的信念是絕然不同的。雖說佛經之中也有「墮入無間地獄，永無出期」的記載，但是，既然永無出期，菩薩怎又發願「地獄未空，誓不成佛」呢？其實，佛經中的永無出期，只是指某些眾生，因其罪業深重，墮入惡道之後，如果沒有大心菩薩的隨類應化，給予他力的勸導引發和鼓勵，他便像深入五里霧中，而無法走出惡道的範圍一樣而已。這與基督教的「永火」，實難併作一談的。

關於宗教境界與層次的問題，在上一篇文字中，已經談過，所以在此不再多寫。

上一篇文字中，曾討論到上帝和佛性的同異問題，關於這一問題，今日香港道風山的基督徒們，為了爭取佛教徒去向他們靠攏，便混淆了佛性和上帝的觀念，硬說上帝與佛性法性是一樣實體的兩種稱呼，並且硬把人文主義泛神論的上帝觀念，也與基督教的上帝併為一談，以期迎合時代的潮流，其實那是大可不必，也是最不聰明的。我們只要略涉經史，稍知哲學觀念，便可知道，那根本不是一件事。基督教的上帝是宇宙萬物的創造者，也是宇宙萬物的掌握者和支配者，他是超然於萬物之上的一個上帝，他的聖靈，雖因信徒的虔敬，或可降臨於信徒的心中，但是聖靈的顯現，絕不是信徒內心本具的上帝之顯現，而是來自身外上帝之大能，因其聖靈的顯現，信徒的本身，不會就是上帝，否則，所有虔敬的信徒，豈不全都成了一個個的上帝。佛教的佛性，乃是人人本具的，不是諸佛的降臨或給予，我人之信佛、念佛、禮佛、學佛，乃在自求本身的佛性漸漸接通於諸佛的佛性，一旦與諸佛的佛性通成一氣，自身也就成了諸佛之一。誠然諸佛法性，法性法爾，遍滿法界，諸佛自性，遍滿法界，我人成佛，我人的自性，當亦遍滿法界。基督教的上帝及其信徒，皆在遍虛空盡法界的範圍之內，當也浸潤於法性或佛性的無盡藏中了。故我上一篇文字中曾說：「佛教不以基督徒沒有佛性，即使基督教的上帝，如果真有這麼一位上帝的話，佛教也會承認他有佛性的。但要硬說『上帝、道、靈、真如、佛性、法性』是一個東西，那是講不攏也講不通的。假如基督徒們以為佛教的佛性，在基督教便是上帝，只要基督教的《新約》、《舊約》不加反對，佛教絕對同意，但要說《新約》、《舊約》中的上帝，便是佛經裡的佛性，佛教實在不能苟同。因為佛性絕對不像基督教的上帝呀！」

關於上帝、多神、一神與無神的宗教及哲學問題，我在〈走在缺陷處處的人生道上〉一文中，曾有較為詳細的說明，故在這裡不用再贅。

最後，筆者對於當前的宗教現狀，有一點感觸，不妨順便在此一提。我對宗教——尤其是佛教和基督教的問題，寫得已經不少，但我近年來深深以為宗教與宗教之間，應該彼此諒解，互相尊重，不要抱著「有我無敵」或「有敵無我」的態度，去肆意攻擊或存心消滅。因為今日乃至未來永久的人類，能有宗教的安慰——即使是迷信，總比沒有信仰的好。基督教來到中國之後，雖曾以種種方式打擊佛教，而期將佛教的信仰，從中國人的腦海中掃蕩出去，但我們只要自己站穩腳跟，本著佛教潛在而偉大的教理，步步踏實，努力下去，不愁佛教沒有振拔和復興的機運。同時，只要基督教的宗教信仰能給中國人以若干的安慰，只要中國人自願接受基督教的信仰，只要基督教的信仰值得中國人的崇尚，我們實在沒有理由去妒嫉或仇視，如果真要仇視的話，那是不合學佛者之要求的。佛的當時，曾有這麼一件事的記載：當時有一位耆那教的教徒辛夏將軍，因受佛陀言教的感化，皈依了佛教，但當他皈依佛教之後，佛陀竟對他說：「很久以來，你家就是供養耆那教的，以後你還認為是對的，當他們行化到你家時，還照常供養飲食。」又說：「不單是我，任何人也都可受供物，不但是我的弟子，別人的弟子，也同樣可以受供養。」由此可見，佛陀絕不主張只許自己的佛教傳播，而不許其他的宗教生存。所以筆者主張，如果基督教還值得一些人去信仰的話，我們就不必反對。但是只要我們的佛教，能從博大精深的理論基礎，而發為行解並進的實際效果之後，基督教在中國，乃至未來的全世界，不用他人的摧殘，也會受到人類文化的淘汰。不過基督徒們如能放棄了耶穌血統裡的魔性，而致力於耶穌人格與神性的發揚，未來的前途，自當仍然有其光明的路向。再說，基督教在中國的行動，間接地刺激了佛教精神的自覺，筆者也希望因了佛教教理的弘揚，能夠刺激到基督教義的革命。那麼我們未來的遠景，佛、基兩大宗教，自會有一大同小異、殊途同歸的局面出現了。佛教度人有無量法門，基督教的導人為善，自也算是方便法門之一，至於算不算是究竟，自當又作別論。否則的話，基督教存心瓦解佛教，佛教則想趕走基督教，那都不是正道的行為。

（刊於《中國佛教》三卷八期）

人的佛教

諸位先生、諸位同學：

剛才高同學介紹我是博士，其實我並不以有博士學位而覺得了不起，卻以做為一個和尚而自慰。因和尚並不是人人能做，博士則諸位同學皆有機會，可能已有些得到了；做和尚則不然，現貴院日、夜間部有一萬多人，一年中有一位做和尚，已算是很難得了。

今天的講題是「人的佛教」，想了很久，覺得到貴院講佛法，尤其在臺中的貴院講佛學是一件不容易的事。諸位對佛法或佛學已有相當修養，因在臺中市有好多位法師和居士們向諸位介紹佛法，也引導同學修學佛法，而我非常慚愧，懂得有限。

我覺得講點有用的東西最好，學問可看書，而對諸位最有用的非學問，乃是生活。故今天的題目為「人的佛教」，是從生活上看佛教對人有多大的幫助。

諸位認為佛教是什麼東西？是宗教？哲學？還是文化？也許諸位認為兼而有之。但向諸位報告，我認為佛教非哲學，亦非宗教，而任何東西在人類歷史上產生過影響的即是文化。

佛教不是哲學，因為釋迦牟尼佛不是哲學家，他不用哲學觀點、思惟方法跟大家研究。哲學，是供人理解，或對無法解決之事，理出頭緒，用邏輯方法加以說明，這是哲學家的責任與貢獻。釋迦牟尼佛、孔子、孟子都不是哲學家，而是為解決人類生活上和社會上的問題，而將生活經驗和人格標準說了出來。有人問釋迦牟尼佛，人從何處來？往何處去？釋迦牟尼佛從來不回答，孔子亦然，有人問孔子生死問題，孔子答：「未知生，焉知死。」並不是生死不重要，而是生前死後在目前現實生活上沒有多大的意義。所以我說孔、孟、釋迦牟尼佛都不是哲學家，而是解決人類現在的問題而說出其看法，以解決之。

佛教不是宗教。一般宗教必須具備兩個基本條件：1. 相信自己心外有力量，2.相信人生與宇宙最初都由神創造的。心外的力量分有多神教和一神教。多神教認為山川、草木等任何一物皆有神，原始宗教大致如此。高級宗教為一神教，認為人生宇宙最初由神創造，神就有權力支配。人靠神生活，好或不好，幸或不幸，除了感恩，不可埋怨，因神有能創造，即有權支配。但佛教為無神論，此與唯物主義之無神論不同。唯物主義之無神論，相信除物質外，不信另有精神這樣東西。佛教之無神論是就因緣、緣起之關係，說明宇宙、人生本來就如此，並非有個萬能的神能創造什麼？所以佛不創造任何物。佛法也是本來就有，佛對我們的功德，是在體認了佛法之後，將其所經驗的告訴了我們。宇宙間無萬能的神，以佛教的觀點分神為天神、地神等。將一切眾生分為十類：地獄、餓鬼、畜生、阿修羅、人、天、聲聞、緣覺、菩薩、佛。眾生之產生，皆由各人的業力所形成，地球甚至整個宇宙皆由眾生業力所感。地球是地球上的眾生業力所共感，並非只是人類而已，包括一切有情眾生。眾生若沒有種生天的因，不會生天，沒有種生地球的因，不會生在地球上；若生地球的因已經完了，則到其他地方，所以說一切皆操在每一個眾生手中。由此看來，佛教並非宗教。

由歷史看，佛教只是文化而已。佛教文化帶給世界很大貢獻——改善人的生活。

佛教與佛法是有區別的。佛教，從理論、思想上講，且有經典；教團由組織上言，有出家、在家四眾弟子。佛法，本來就有，釋迦牟尼佛出生或不出生此世間都沒有關係。我今天到貴院講佛法其實是多餘的，各位本來就具有，我說出只是複誦，提醒各位而已，是將各位本具之佛性指出。信仰佛教的較高境界，不是信仰心外的佛，而是相信自己本來就有成佛的可能，自己具成佛條件，但需一步步來，那就需要修行的方法。佛法，從一個角度看，本具——佛性的普遍存在，山河大地無一不是，無處不是。從另一個角度看，成佛方法是佛法，有成佛經驗的人才能說，老馬識途，告訴我們如何才能安全地走向成佛之道。在這世界上最初第一個成佛的人，很不容易，很多人沒有發現成佛的方法，而釋迦牟尼佛發現了。成佛要有方法，所以，信仰佛教的重心，是在求法。為法忘軀，為求法可不惜生命，「朝聞道，夕死可矣。」因已有機會聽到或求得成佛方法，沒有聽到實在太遺憾了。佛經裡有一個故事可以說明釋迦牟尼佛未成佛前求道之心切。

有一次，釋迦牟尼佛遇到大梵天王變成的夜叉，嘴巴長得很大，告訴釋迦牟尼佛說：「我的肚子餓了，你讓我吃掉，我就告訴你佛法。」佛說：「我給你吃可以，但你得先告訴我。」夜叉說：「我現在很餓，你先讓我吃了再說。」「豈有此理，吃後就沒辦法聽了，可是佛說：「你先說一半給我聽，然後我給你吃，等以後再投胎來聽另一半。」夜叉說：「好吧？我就先說一半給你聽吧：『諸行無常，是生滅法。』」（行：一切現象都是行，天行健君子以自強不息，經常在變動的都稱為行）佛說：「好，謝謝你！我給你吃。」於是爬上樹枝跳進夜叉的大口裡。夜叉不但沒吃，且將佛扶起，說：「你這種求法的精神，實在令人欽佩，我現在再告訴你另一半——『生滅滅已，寂滅為樂。』」

只有四句，聽法不在多，在於是否真實受用。聽多記在筆記本上沒有用，我在美國時，有人問我是教淨土、禪，或是……？在美國淨土難吸收人，禪在美國則已有幾十年，所以教禪有人學，名雖教禪其實是教修行方法。講課前必請同學將筆記本闔起，全神貫注看我，我的每一句話皆灌入同學的耳朵中。若記筆記，往往為了記此句，而下一句聽不清楚。佛學有用嗎？佛學也是法，任何一物皆是法，就修行言，佛學不是修行方法，而是研究佛教的問題。佛學可在圖書館查書，斷章取義地寫成。書本上的知識與實際上的生活大不相同。

我回來後，有位居士常跟著我，有一天對我說，他跟了我這麼久，為什麼一句話也沒告訴他。其實我整天在說話。有時我們常想親近善知識，時常跟著他，反而得不到什麼？卻在偶然機會下看了或聽了一、二句話，而受益良多。在印度，知識是朋友的意思，有善知識、有惡知識。惡知識如酒肉朋友，大善知識是偉大的朋友，是老師。現在說個比喻，一隻老鼠掉在米缸中，竟不知是米，而不敢吃，因此餓死。我們常終日聞法而不知。這又好像蠟燭點燃時，四周亮，底下沒有光，附近暗。這些話想要告訴各位的是，相信自己隨時都在親近善知識，均有使自己成佛的可能。

有人今天念阿彌陀佛，明天念藥師佛，後天念彌勒佛……，心想總有一佛與我有緣，阿彌陀佛不來，藥師佛來；藥師佛不來，彌勒佛來。想求長壽利益時，念藥師佛；想求死後往生極樂國時，念阿彌陀佛；學生怕考試不及格，念觀世音菩薩。因為你念了觀音，不會的試題，變成會的，惡運變成好運……。如此是修行嗎？是的，但不應是佛教徒的基本態度。不要投機取巧，不要有所為而為，才是正信的佛弟子。

學佛的目的是要對生活有實益，不只是學些佛學名詞就夠，更不是只知道若干經典，以便向人炫耀。千萬不要自己尚未弄清楚之前，便東抄西摘的寫文章，結果連自己也不知道究竟講了些什麼？佛法不是用來研究的。以學術言，當鼓勵研究，對歷史做回顧。但對生活無用，生活靠體驗，佛經不是僅從文字的表面，就可以理解的，文字表現的本身無法確定什麼意義！因為從多角度看，有形相之物皆無法代表真正的東西。經典告訴我們的只是法的影像而已，必須由日常的生活中體驗經典講的是什麼。佛出世間是想使人依據他的經驗做藍本，向其學習。健全人生，淨化社會，這才是佛的本懷。

「人的佛教」，佛教是屬於人的，佛法亦是眾生的共業所感；佛是由人成的，唯有人才能真實行佛法。在人類之中，更應該以自己做本位，必須建立自信心，相信自己本來與佛無異，所以我們看哪一國雕的佛像即像哪一國人：日本佛像像日本人，我國唐朝佛像方面大耳像做大官的，泰國佛像瘦瘦的。可見心外有佛不是大問題，心內無佛才是大問題，因為佛是人心中的佛。前天有位女居士問我：「何以信佛前不遇鬼，信佛後反而遇見鬼？」人心中若有鬼，再與心外的鬼相應，則鬼就找你的麻煩了；心內若無鬼，鬼也沒辦法找上你。當時另有一位少女，不懂這層道理，於是我問她：有沒有男朋友？她笑而不答。若有男朋友追，不喜此人，雖然一直找妳，亦與妳無關。反之，若妳喜歡他則不然，第一次他邀請妳時，也許會基於女人的矜持拒絕他，但心裡卻非常高興，心想何日再請妳。這就是心內的男友和心外的男友相應。鬼來時，若心中趕快念佛，鬼會漸漸地走掉，心中佛起，心外鬼漸小；心外有佛，心內亦有佛，則感應道交。

佛是人成的，而且是普通的人成的。普通人不容易做，裝腔作勢，道貌岸然……，都不是普通人。有人去看虛雲老和尚，問正在菜園中掘糞，穿得破破爛爛的和尚，說：「虛雲老和尚在不在？」虛雲和尚說：「何事？」「問佛法。」「這個糟老頭沒什麼了不起，有什麼好問的？」「我誠心而來，你們何以如此看不起他。」此人當過大官，架子大，一臉官相，手下的人多，他也以為老和尚弟子多，想必亦是一副大人物相。後再問另一人，此人指著菜園中掘糞的和尚說：「彼即是。」可見著名的老和尚，與常人無異。所以，要成佛，首先要做個普通人，盡應盡的本分，這也就是成佛的基本條件。

諸位皆已成佛，信不信？《法華經》云：「一稱南無佛，皆已成佛道。」當然，成佛不是一下子就成的，而是每天每天漸漸地修行來完成的。「畢業」是由進入校門即開始，博士是由進入幼稚園那天開始，但不是一進來就畢業。各位來聽講就種了成佛的因素，講得難聽一點，已受我散布下去的菩提細菌所感染，也就是種了因。無論是誠心、好奇心或存了準備搗蛋的心來聽，都無所謂，都已經將菩提之因熏入了八識田中，永遠不會亡失，發生了永遠的關係，就是你想丟掉它，也丟不掉了。

「人身難得，佛法難聞。」眾生之中，人最容易修行，禽獸愚癡不聞佛法，天人福報大，沒有病苦、災難，感到滿足，不容易想到佛法。人心中十法界具足，心存何種心，即感應何法界。我們常聽到一句話：你這個人像畜生，此人存畜生心之故。吃飯時緊看別人，認為別人那邊菜比較好，自己這邊較差。遇到可口的東西時，就拚命地多吃，這就是餓鬼行為。有一種人天天活在愁苦中，覺得孩子不孝順、太太不賢慧，看不順眼四周的人，家人、社會也都討厭他，無一處、無一時，不覺得苦，這就是無間地獄——愁苦無間。再從打坐來說，人實在太幸運了，因在動物之中，只有人才盤得起腿，唯有人才適合打坐，而打坐是參禪的基礎工夫，參禪始能悟道。各位也許聽過野狐禪這個名詞，心想野狐不是也能參禪嗎？其實那是諷刺、罵人的話，如果真知參禪，就不叫野狐了。

人身難得的原因：由生命源流言，一般人以為這一生到另一生，就像換房子，而靈魂則不變，錯了！輪迴生死，在六道中來去都是由業力所招感來的。第八識藏一切種子，如水般，長江、黃河經常不斷地流，匯百川而成大海，大海的水又不斷地蒸發，所以每天的水的組成都不同。生命之流，也像河水一樣，經常在變，哪一類的力量大，就現在哪一道。我們的第八識中含藏了十法界，每一法界又分十法界，就以人講，分智、賢、愚、不肖、男、女等等不相同，所以說人的性格類似是可能的，但相同則不可能。以生命的息滅言，若能行五戒、十善則生人天。好人也有不幸的遭遇，不用埋怨。短短數十年生命一眨眼即過去，記得小時候老覺得怎麼還不過年，日子過得真慢；二十歲時已覺得年過得快；三十歲時更快；現在近五十歲，覺得一年的時間，不過是一瞬間的事。四十歲後因為事情忙，一天天一下子就過去了。古人說：「人生百歲，如白駒過隙。」年輕時無法體驗，有沒有同學體驗到了？有的話，可說是少年老成；中年以後才感覺到人生短促，現在則覺得明天就快死了，快得很！福報就像銀行裡的存款。人的福報什麼時候完？不知道，可能此生就完，也許第二生得到天的果報，也許為人，更可能下墮三塗：地獄、餓鬼、畜生，不得而知。但儘管把握現在，及時努力，就像銀行裡有多少錢，不管它，繼續存，不要提，保證愈積愈多。否則，一失人身，再想回頭已經太遲；何況那時已經由不得你，你也不知道回頭學佛的事了。

成佛方法分五種，一步步上去：1.人，2.天，3.聲聞、緣覺，4.菩薩，5.佛。不要好高騖遠，一步步來。印順法師寫過一本書叫《成佛之道》，他以特多的篇幅介紹人、天、二乘、菩薩，卻以極少的字數來介紹佛的果位。有一次我請教他何以如此？印老說：成人、成天、成聲聞及緣覺、成菩薩都有了，還要說什麼？正因為佛果即菩薩的完成，菩薩道是人、天道及二乘道的相加，故稱為人成即佛成。

法，本無大小、無世出世間、無真俗等等之分，解脫道和生死法都是一樣的。諸位可能以為我是把這些帳計算錯了。其實人天法、小乘法和大乘法原無不同，若有不同，全在於眾生之心。人天法是做了功德，存有做好事之心，及求反報之念，若別人忘記了你們對他的恩惠，就覺得此人忘恩負義。其實愈求回報，功德愈小，雖做了好事，只屬於人天法而已。例如積穀防饑、養兒防老！（現在講孝子，很多已成為孝順各自的兒子之意）若存這些觀念，將來可能失望。小乘法為厭世，修解脫道，雖其基本仍須修持五戒、十善，自己人格健全為要，幫人多少沒有關係。大乘菩薩道修五戒、十善，除消極的不為惡外，積極的要做好事，且不得不做。消極的不做惡是小乘，積極的不得不做善是大乘。例如不殺生，要放生；不偷盜，要助人，更進一步請人將物濟人；不邪淫，且使世人皆過正常夫妻生活；不妄語，且要勸慰、告誡人，若說話令人相信，更可借助多人之力做更多好事；酒，本身沒問題，但會因了飲酒而做壞事。菩薩布施行道，無執著心，名為三輪體空，即是無能做的我，無所做的對方，中間無可做的事。可知，法無大小優劣之別，唯有依眾生存心的不同而有區分。為成佛而學佛，做好事，基礎上可漸成，但他成不了究竟佛。若有我的價值觀念而做好事，都屬於人天道故；不執著才算行菩薩道，而直通佛道。

人皆可以成佛，只要把握住聽到的佛法，慢慢可成——是漸非頓，若只要頓不要漸，就如像既要馬兒跑得快，又要馬兒不吃草，世上沒有這樣的便宜事。「頓」是有的，但是需慢慢用工夫，或根基深厚者，才會出現，若在過去時或過去世沒有修持過佛法，要「頓」是不太可能的。「頓」是異常，「漸」是通常，「頓」是結果，「漸」才是修行，所以佛法的基本精神，是要平常、普通。佛是平常人成就的，諸位都是人，祝願諸位福慧增長，佛教就藉著諸位的活動而更遠大更光輝地拓展開去。

（一九七八年三月十四日講於臺中逢甲學院，刊於一九七八年六月八日《菩提樹》雜誌三〇七期）

佛教的孝道精神

校長以及各位貴賓，我感到很榮幸，今天由於孝道教團統理及副統理岡野正貫夫婦，駕臨華岡接受本校名譽哲學博士的學位，而參加此次盛會。首先為他們貴夫婦兩位祝福、道賀。

記得我在十四年以前（一九六九年三月），剛剛到達日本，進入東京立正大學文學院讀書的時候，我去拜訪他們的首任統理——岡野正道先生夫婦，那個時候我就見到了今天的統理夫婦兩位。當時，從副統理岡野貴美子夫人的介紹中，知道了今日的岡野正貫先生及他的夫人岡野鄰子女士，方從美國留學回來。所以從那次以後，我跟他們兩位至少一年會見到一次面；可是八年前，我離開了日本以後，一直都沒有再回過日本。今天能在華岡和他們再見面，我感到非常地高興。

因為離開日本那麼久，我的日語本來就沒有學好，又去了美國好多年，一直沒有機會再說日語，所以今天只好麻煩黃教授國彥先生替我翻譯，非常謝謝他。

據我所知，岡野正貫先生，不但對天台宗有很深刻的研究，尤其對天台三大部中的《摩訶止觀》，有很深的研究；而且在留美期間，對比較宗教學也有很深的造詣；鄰子夫人的專長是社會學，所以他們兩位不但是宗教家，同時也是學者。而孝道教團的兩代統理、副統理，與我們臺灣有非常深厚的友誼，對我們中國文化大學留學日本的同學，經常給予很多的照顧。今天我奉校長潘維和博士之命，來談談佛教與孝道的關係，也就是佛教的孝道精神，因為他們兩位的教團是以孝道為名，所以現在我們就「佛教的孝道精神」這個題目的探討，來表示歡迎。

我剛才正在為佛學研究所學生上「比較宗教學」的課，裡面談到關於「摩西十誡」的第五條：「當孝敬父母」；而在我們佛教所說的五戒中，卻沒有講到要孝敬父母的話。可是佛教的經典裡，就有好多部經典，專門在談孝的精神和孝的道理。它可分作兩類：一類是重視在父母生前需要盡養、盡敬；另一類是對死了以後的父母等親友，以佛法的佛事做追薦、超度的工作。在我們中國的社會裡，非常重視孝道中的「慎終追遠」四個字的精神，所以在中國的佛教也特別重視「超度」的佛事。比如說《盂蘭盆經》及《地藏菩薩本願經》，就是提倡在父母去世以後，以我們兒女自己的修行，使已過世的父母，得以超生離苦。這種風俗習慣也影響到日本，因此日本的佛教到現在來看，多半的也是重視人死以後去寺院做佛事。但是這種風氣和趨向太偏重以後，就形成了一種死了以後的孝順，而生前的問題反而較淡了；因此在我們中國就形成了所謂「死人的佛教」，在日本他們稱之為「葬式佛教」。這當然不是佛教的根本精神，但是這跟我們中國的傳統文化背景有相當的關係；而中國的孝道也不是僅僅在慎終追遠，更應該在父母生前，盡到做兒女的孝心。所以自從我們中國漢朝的時候開始，就盛行「拔忠臣義士於孝子之門」的思想，也就是從孝子裡面，才能選出忠臣和義士來，這是我們中國文化中百善孝為先的精神所致。

我剛才講佛教因受了慎終追遠思想的影響，而成了死人的佛教，這不是說中國的孝道思想有問題，而是佛教本身慢慢地隨著習俗的趨勢，逐漸演變成偏重於喪葬儀式的一種流弊。其實在佛教的經典裡，另外還有好幾部經典都是重視和強調在父母生前，要盡奉事供養恭敬之責；如《善生經》、《父母恩重難報經》、《睒子經》，都是講的孝道。在我們中國最流行的，也是最受重視的一部叫《梵網經》，在這一部經典裡，有十幾個地方談到孝順二字，以孝順父母而至於師、僧三寶，並以孝順為戒與定的原則，做為菩薩道的初基。唯有孝順的人，可以成為一個標準的佛教徒；也就是說：不孝順的人，雖信佛、學佛，也是不能成佛的。如果連自己的父母都不孝順的人，那是不夠資格成為佛教徒的。一個佛教徒的目標是成佛，成佛以前，所走的路稱為「菩薩道」；如果一個行菩薩道的菩薩而不能孝順父母，那便是笑話了。所以佛教徒的根本目標是要成佛，但其開始，是從一個普通正常人開始；要做一個正常、普通、標準的人，首先便要從孝順父母開始。

因此我們必須跟諸位貴賓提起一個問題，佛教不管是在中國也好，在日本也好，最高的目標是成佛，大家都不會否認。可是，成佛以前，要「從一個標準的人開始」這個問題，很多人卻都忽略了。所以近代中國的佛教界，有一位高僧——太虛大師，他發現了晚近中國佛教的偏失，故強調並主張「人間的佛教」，也就是佛教應該是從人開始的；人完成了以後，才能夠成佛。太虛大師的主張，為我們中國的佛教帶來新的希望和新的氣象。我的先師東初老人也是一樣，他是太虛大師的學生；在他來臺以後，從民國三十七年起（西元一九四八年），即創辦《人生》雜誌，鼓吹人生佛教。一直到現在，我還繼續在出版。那就是以推展人生佛教和人間佛教的目標與宗旨，做為我們努力的方針。

就日本來講，死人的葬式佛教也是非常地普遍。可是在孝道教團的岡野正道夫婦，也就是在現在兩位統理之前的老統理夫婦，他們弘揚天台宗的佛法，而以「孝道」做為其教團的命名，乃是著重於人間佛教的開展者。因此也可以說，在這個時代的中國佛教和日本佛教，都有了很大的反省，而重新回到釋迦牟尼佛創教時代的情況，繼續走上中興的路線。

以上是我自己的一點淺見，在此向岡野統理夫婦請教，同時也請諸位貴賓，給我指正。謝謝各位！

（一九八三年三月一日講於華岡第六十六次宗教道德講論會）

佛教對福壽康寧的看法

一、前言

主席徐會長金珠小姐、市黨部副主任委員陳清玉先生、副議長朱有福先生、高雄女青年商會首任會長現任監察院委員林孟貴小姐、佛光山宗長星雲大師、諸山長老法師居士以及先生女士們，大家好！

我有多年未曾遊歷高雄市，高雄市的各項建設，都充滿著青年都市的朝氣與活力。這次來貴市演講，而以「福壽康寧」四字為題，主要是藉此機會為我們國家的元首祝福，也向高雄市的黨政議會首長致敬，並為一百三十萬市民的幸福祈禱。

人的一生，辛勤勞碌，刻苦奮鬥，追求的目標雖多，但總不外乎「福壽康寧」四個字。比如當在貧困之際，希求的是名位福利，名利全歸之後，不再為物質的生活煩惱，卻又期望能夠活得健康無病，進而活得更久、活得更安寧。這種理想的願望，正是支持著人們繼續活下去的力量，也是促使人類努力改善我們這個社會環境的主要因素。不過，對這四個願望的追求，不一定有先後次序，有的人僅追求其中的一、二項，有的人則全部都要。

「福壽康寧」四個字，代表著幸福人生的全體。天下有心追求幸福的人，比比皆是，認為真正得到幸福而又經常生活在幸福中的人，實在不多，所以常常聽說：「家家有本難念的經。」又聽說：「天下不如意事十常八九。」所謂幸福，往往只似水中的月亮、鏡中的影像，是一種幻覺，正在以為得到幸福時，幸福已經悄悄地溜走了，以致愈追求幸福，幸福離得愈遠。因為物質的條件、人生的現象，有圓必有缺、有離必有合，所以釋迦牟尼佛在經過六年的苦修，當他完成了佛道之時，宣說了四項有關真理的軌則的第一條，便是「苦」字，稱為「苦諦」。苦的真理是由於世事無常，所以好景不常；未得幸福時，苦苦地追求幸福，以為得到了幸福時，幸福已經消失。人只有把幸福的目標，擺在永恆的未來，山外有山，樓外有樓，永無止境的渴望與追求，是可敬的，也是痛苦的。

像這樣的看法與說法，似乎是悲觀和消極的，其實不然，既是積極的，也是肯定的。因為，唯有認清了人生宇宙的規律後，才能改善現實的生活，才能真的獲得幸福，並且保持幸福於永恆。掩耳盜鈴式的樂天主義者，僅能使人暫時受麻醉，事實上將使人類陷於更深的苦海之中。

以下，讓我們來探討佛教對「福壽康寧」四字的看法。

二、對福報的看法

（一）人人喜歡享福

為了享福，所以人人追求幸福，可是，一般人以為有了財富、地位和名望的人，就代表著幸福，這是不正確的；一個人的生活，是否感到幸福，決定不在於財勢名望的多少和高下。我曾讀過一則西洋故事：有一位百萬富翁，與一個郵差為鄰居，富翁每天工作繁忙，滿面怨苦，郵差則悠閒自在，笑口常開。

富翁看那郵差，似乎每天都過得很快樂，好生奇怪，於是便問道：「你為什麼每天這樣快樂呢？」郵差回答說：「我沒有什麼理由不快樂啊！難道你過得不快樂嗎？」這時富翁便不斷訴苦說：「我有這麼大棟房子，每年要繳好多稅金，房子還得請人保養，草地也得請人修理。現在呀！工資又貴，工人更難伺候，且油費上漲，我的汽車、飛機、遊艇，每個月又得多花好多開銷，加上所得稅、營業稅，以及交際費等各項開支，一個月二十萬美元都不夠使用。每朝每夕，我都要給那些人呀！事呀！錢呀！搞得團團轉，煩惱得不得了。」當下郵差笑道：「我只有一棟小房子，平常騎腳踏車，也沒什麼貴重的家具，也不必擔心哪天小偷光顧。我每天按時上班，作息規律；下班時、休假日，帶著孩子和太太到郊外踏青，雖是月入只六百美元，日子倒還過得快活自在。」

從以上的對照，我們不難得知幸福與否並不在於物質的多寡，而在於我們能否安心盡命地去享用它。一般人在當物質充裕時，欲望也跟著提高，甚至物質的條件並不怎麼優厚，可是卻一心盼望著有更好的物質享受，於是像小狗繞著樹，拚命地追！追！追！想逮住牠自己的尾巴一般，一生一世忙碌！忙碌！從無一刻地安寧，也從未曾享受過自己的幸福。

同時，一般人往往正在福中而不知享福，也是常見之事，正像愚蠢的老鼠掉進了米缸，還要被餓死一般。老鼠在平常是不容易吃到白米的，所以對著白米牠們一向很珍惜和眷戀。可是有朝牠們不小心掉入了米缸，見到的全是白米，這時，牠倒疑惑起來，不敢再吃了，而終於餓死在米缸之中。

老鼠的例子是很可笑的，可是人類的行為，卻也好不了多少，有太多的人「身在福中不知福」。假使我們能體會到多吃一餐飯，多受一點陽光，乃至多呼吸一口空氣，多活一秒鐘都是幸福的話，則現在的人類又有哪一個不是幸福的呢？更何況我們一旦活著，眼可觀五色，上有日月星辰的運轉，下有春夏秋冬之更替；耳可聽五音，或是抑揚頓挫的旋律，或是動靜舒緩的交流。眼、耳、鼻、舌、身、意等六根為緣，三千大千世界的繽紛變化，還待我們慢慢去欣賞玩味著呢！「知足常樂」，人能知道是福，能安於此福境，才能夠真正的受用其福，所以我要說：「人生到處有幸福，就看你能不能去享受它。」

（二）人人應當惜福

其次，人除了安於福、享於福之外，更應該惜福。以佛法對因果的深刻觀察，任何事的發生，必有其前因，任何事的存在，必有它的後果，一個人能有福可不是憑空而有的，是他前世修來的，也因為是前世修來的，所以它是有限的。這就比如我們送入銀行的存款，是有一定的數量，若是我們揮霍使用的話，它便會很快地被耗盡，我們的餘生便要衣食難繼了；若是我們節省地支出，便如細水長流，餘用不盡。

（三）知福更當培福

再者，除了消極地惜福之外，我們更應該積極地去培福才是。惜福好比節流，是減少不必要的浪費，培福則似開源，是不斷地增加收入，只有節流配合著開源，也就是惜福與培福雙管齊下，才能確保我們的福報，綿延增長，享用不盡。

說到培福，首先便得分辨培福的對象，「種瓜得瓜，種豆得豆」，雖是一般通稱的因果法則，但如果愚癡地將瓜種在石縫裡，將豆撒進火盆中，那是不會有結果的。

泛泛地說，每一個人、每一位眾生，都可以做為我們培福的對象，可是若要詳究是怎樣的眾生，要布施給何種的物品，還是得用智慧才行。

我初到美國，常見到一些衣衫襤褸的青年，攔路乞錢，當時我想出家人應以慈悲為懷才是，更何況他們又是如此可憐。於是便一而再，再而三地掏腰包，拿錢去救濟他們，可是後來我才知道，他們拿了錢，便跑去賭博、喝酒、吸大麻、注嗎啡，給他們錢，反而使他們更加墮落。

去年（一九八二）農曆年底，我見到《中央日報》上有一篇報導：有位公務員，見到一對男女，開著旅行車挨家訪問，偽稱是某慈善機關，派至各處收集救濟衣物的，便熱心地把自家好多衣物，包括一條剛從公司抽獎得到的毯子都送了出去。二天之後，卻在板橋的地攤見到他們，那對男女正在那裡廉價拍賣那批衣物！

（四）時時廣播福田

培福要栽對福田才是，以佛法的智慧所見，福田大致可分為三類：

1恩德恭敬福田

此中又可分為三種主要的對象：

(1)父母：父母是一個家庭中最重要的人物，佛經上曾說到，父母即是家中的兩尊佛，我們自出生起，即受到父母無微不至的照顧，生我、育我、養我、教我，故只要我們身體仍存在的一天，則我們不得不感歎父母的恩如天般地高、如海樣地深，是我們盡其一生所無法報答得了的。人間雖然也有不盡責任的父母，但是仍因父母所遺的身體而繼續活著，便是最大的恩德了。所以，中國自古以孝治天下，認定忠臣必出孝子之門。因為若是連至恩至報的父母，都不能孝敬，則還能期望他會盡忠於國家、信義於朋友，和操守著其他道德規範嗎？如今受到歐美風氣影響所致，人們對孝敬父母的觀念逐漸淡泊了，尤其在小家庭的制度下，人們更無法進一步地孝敬父母。孝的道德基礎一旦瓦解了，連跟著其他的道德體系也動搖了，今天世風日下，社會不寧，因素雖多，而不知孝敬父母則是其中最重要的原因之一。

(2)三寶：佛、法、僧稱為三寶。佛是覺悟真理的智者，法是佛所覺悟到的真理，僧是對上繼承佛志、對下傳播真理的聖賢及出家修行的人。芸芸眾生，在六道間輪迴不已，如一個盲人走著黑路，前也茫茫，後也茫茫，不知從何前來，不知將往何去，走一步，算一步，摔下去，又爬起來，可是永遠籠罩在無明的黑幕中，世世生生，生生世世。只有佛法的智慧，只有佛法的光明，才得照破眾生的無始無明，不但徹悟自己身心之所在，而且開示出一條坦蕩的大道；眾生在煩惱中周轉不已，如掉入泥沼中，左是泥沼、右也是泥沼，愈是掙扎，愈是陷得深，生生世世，永遠不得解脫自在的彼岸，只有佛法的舟航，只有佛法的方便，才能將眾生度到解脫自在的境界。父母恩深，三寶恩更深，父母所造就我們的是一生一世的肉體生命，而三寶所成就我們的是永生永世的法身慧命，所以我們飲水思源，要盡其一生，以體力、以財力、以智力、以身命，去供養於三寶，去護持於三寶。

(3)師長：廣義的話，從我們生下後，在家庭中、在學校中、在社會中，一切曾教導過我們的，皆是我們的師長。我們初生之時，腦袋空空如也，是一切師長教給我們知識、授給我們技能，我們才能在此物競天擇的環境中繼續生存下來，且建立此輝煌繽紛的文明世界。中國自古將「天、地、君、親、師」並稱為綱常，師長的恩，並不少於天地恩、父母恩，今天「尊師重道」的習尚，也漸漸稀薄了，可是這對受教者本身以及整個社會實在是弊多於利的，我們應反省警惕才是。

2貧苦慈悲福田

貧苦可概分為物質的貧苦與精神的貧苦。物質的貧苦是缺衣斷糧，無處安身，或遭疾病而乏醫藥。精神的貧苦如孤單、寂寞、緊張、焦慮、缺乏安全感、缺乏信仰、缺乏成就感等等。對這些貧苦的眾生，我們要發揮人飢己飢、人溺己溺的精神，盡可能地給予救濟和周全，尤其是我佛教徒，更應秉持大乘佛法慈悲濟世的風懷，以財布施、以無畏布施、以法布施，而讓佛法的慈悲清涼，永遠潤澤著每位眾生的心靈。

當今臺灣原住民大都信仰天主教及基督教，究其原因，不外乎在臺灣光復之初，有些神父、修女、牧師，都能捨棄自身的安樂而入山地以衣物及精神救濟貧困，教化童蒙，於是許多原住民，在感激讚歎之餘，便紛紛受洗入教了。

中國佛教一向以大乘佛法自許——玄妙高深，圓融無礙，可是，近數十年中，為何對慈悲濟苦的社會公益事業，卻又做得不多？究其原因：雖說數十年來我國佛教徒也是貧困的，然更重要的原因是缺少正面教育，誤解了修行的意義，以為要在自己修成之後才能救助眾生，不免落於消極的自利心重，對一切眾生的事，便覺得無力過問，所以我要強調：所謂修行的要途，不外乎放下我們對自己身心的執著，將小我融入圓滿清淨的法界中。修行道中，隨時隨處，均宜廣結善緣，救濟眾生。

3社會公益福田

如築路、架橋、創辦學校、醫院、圖書館，一方面減少自己慳貪的惡習，一方面造就人群的幸福，自他兩利，何樂而不為。

有些人以為不事耕耘，而有收穫是最幸福的，但如果只是享福而不培福，這福報終究有用完的一天，有些人以為福只是單方面地接受，其實，不斷地付出與儲存才是最可靠的。

但是有福而不用它來培植更多的福便是等於守財奴，而非有福之人。總之，對於福，首先我們要知福，人間處處有幸福，其次要安於福，知足常樂，然後更要惜福和培福，開源節流，雙管齊下，如能如此則必是有大福德的人。

三、對壽命的看法

（一）長壽是可能的

我想大部分的人都是希望自己活得愈久愈好，古代中國的秦始皇、漢武帝等，為了求得長生不老，煉丹採藥，可是誰又見過不死的人呢？過去，「人生七十古來稀」，現代人之中能夠活過一百年的，仍是極其稀少。

佛說有生必有滅，一切眾生，本是因緣所生法，既是因緣生法，即脫不了有生有滅的鐵則，故就佛法而言，希求肉體的長生不老，在理論上已是不可能了，更遑論事實。但佛法也不否認我們可用各類養生之道，來延年益壽。

（二）肉體生命的長壽

希望肉體的延年益壽，首先就是生活要有規律，不可造作危害身體健康的活動，如暴飲暴食、酗酒、賭博，以及邪淫縱欲、逞強鬥狠，要注重飲食的營養和衛生，防止病毒的侵犯。其次要守戒律，不該做的惡事如殺、盜、邪淫，絕對不做。不該說的壞話如妄語、綺語、兩舌、惡口，保證不說，多吸收有益身心的思想，多做有益身心的活動。再其次，精神要有寄託，要有信仰的寄託，消極的是一切生活上的不愉快、不如意事，皆可用此來化解排除；積極的是我們內在生命的活力，皆可因此而受到鼓舞振奮。最後我們的內心中要有安定的力量，此即如儒家所說修身和養氣的工夫，將心守於一處，不妄想、不攀緣、不為喜怒哀樂所動搖。

心地恆常保持在安定、明朗、愉快的狀態下而毫無一點負擔。自古有大修行的人，雖不刻意於身體的調養，而大都是健康長壽，此即是因他們精神上有所寄託和內心裡有那安定的力量。

（三）歷史生命的長壽

然而，僅僅希求肉體生命的長壽，那是不可能圓滿的，因為人終究免不了會死，所以進一步我們要追求精神生命的長壽。所謂精神生命的長壽即是他所表現出的生命意義及其所推動的事業，能源遠流長，傳世而不朽。古代有所謂三不朽：立德、立功、立言。如中國的孔子、孟子、老子，如印度的釋迦牟尼，如希臘的蘇格拉底，如猶太的耶穌。雖然他們都已是二千多年前的古人了，可是他們的形象，他們的影響力，他們的生命所散發出來的光芒，至今仍鮮明地在我們心裡活躍著，他們的精神生命必將長存而不朽。由此可知精神生命是否長壽，跟肉體生命的長短，並無一定的關係。我們若能好好地利用一天而且對人有影響，這一天即是永恆，這一天即蘊涵著千百年的價值。相反地，若是醉生夢死，就是活得再久，也毫無價值。

（四）圓滿生命的長壽

然而若只求得歷史生命的長壽，這還是有缺陷的，因為能否在歷史的推移中而長留不朽，這就要看我們是否成名。所謂「三代以下，唯恐不好名」，好名不一定是壞事，但也可能是壞事。有所謂「不能留芳百世，也得遺臭萬年」，自古有很多野心家、政客，為了成就個人一生一世的聲名，千方百計地巧取、豪奪，不惜犧牲億萬人的利益，破壞千百代的幸福。所以僅僅追求歷史生命的長壽，還是有缺點的。

如何才能完成全體生命的永恆不朽？這必得靠著佛法的智慧，三世因果的理論才行。我們的生命，在此生之前，更有無數的前生。此生命終之後，更有無限的來生。

生命的長流，像永不枯竭的江河，流注而從不休止，所謂：「逝者如斯夫，不舍晝夜，來者亦如斯，不舍晝夜。」生命之流中有無盡數的波瀾，一次的生死現象，不過是其中的一個小波浪的起滅而已。人死之後，又是另外一個波瀾的開始，我們若能如此超越生死的界限來看我們的生命，即能當下肯定每個人的生命，不論上升或下墮，都是永遠不朽的。

可見哲學家、社會學家們僅從一世的生命或歷史的生命去追求論定人類的價值，那是不夠的，只有在佛法所說，通過三世的時間，因緣果報的信念下，才能肯定我們生命不朽的價值。

然而「萬般帶不去，唯有業隨身」，凡夫的生命，都是由於自私自利而自覺其存在，世間聖賢則由於執著不朽的事功而自覺其存在，其實那些都是貪染的根本，縱然得到幻覺的不朽，那是生死痛苦的原因，所以還是不究竟不圓滿的。

我們想要成就圓滿不朽永恆而無缺陷的生命，唯有放下個人的自我中心，不但要放下肉體生命，也要放下精神生命的追求，相反地要虔誠地奉獻出自己的生命，為求佛道，為化眾生。

當我們能放下一分對自己的執著，即得一分的圓滿，能放下十分的執著，即得十分的圓滿。在我們這個地球世界的人類歷史上，只有一個人是已經真正達到了究竟長壽之目的的人，那就是釋迦牟尼佛。所以，唯有成佛，才是永恆圓滿的壽翁。

總之，佛教對壽命的看法是：我們一期肉體的身命，必將衰老和死亡，但是我們所造的業，必將通過三世間的因果法則而相續不斷。至於永恆圓滿的生命，則必須經無我的實踐才能逐步完成。

四、對健康的看法

（一）健康的重要

我們經常聽到這句話：「健康即是財富。」又有句俗話說：「留得青山在，不怕沒柴燒。」這些話，大致都強調著健康的重要性。因為有了健康的身體，便可去從事很多的工作，完成很多的事業。故即使家裡一無積蓄，只要他有著健康的身體，他便可處處去工作，處處都能維持生活。我們必須有健康的身體，才能活得更長久，並有餘力去創辦許多的事業。

（二）身體的健康

健康可分為：身體的健康和心理的健康。先說身體的健康，例如到了該睡覺的時候，跑去打牌；該休息的時候，跑去跳舞或酗酒；身體便不能保持正常的健康了。因為人身體的負擔，有其一定的限度，到了該休息的時候，便得休息，該運動的時候，就得運動。說到運動，在中國有太極拳和少林拳，這是中國佛教和道教所發明出來的運動，在印度亦有所謂瑜伽運動，可見這些也是修行的方便。

人，應先將身體調理得當，才能進一步說到調心的方法。若僅靠運動，而沒有心理的調養，還是不能保證一定長壽的，現代人大都已注意運動，但在修心調心方面尚未形成風氣。

（三）心理的健康

身體的健康很重要，心理的健康更為重要。以我本身為例，我自幼體弱多病，可是卻很少害病，既說體弱多病，又說很少害病，這不是矛盾的嗎？不！我說多病是身體經常有些不調和，可是我的心理卻負擔得了，而不以為它有多大的痛苦，故說多病而又少病。任何心理有修養的人，即使身體有些不調和，也不至於演變成嚴重的病害。自古禪師們的身體健康，是由於首先注意了心理健康。

所謂心理健康，即是心理沒有煩惱或觀念中無有偏差。說到沒有煩惱，此並不意味著，有人能事事順遂，而毫無困難阻礙。俗謂「天下不如意事十常八九」，我們怎能要求事事順遂呢？事不順遂而不生煩惱即算心理健康。那便是要有心理的準備：要以為碰到不如意是自然和平常的現象，既是自然尋常事，也就沒有什麼不如意的了。所以對一切不如意，能不怨天尤人，便稱得上是心理健康的人了。

我曾碰到一位太太，她不斷地跟我抱怨道，她的兒子因受人陷害而一生殘廢。也許她以為這樣跟我抱怨過後，會得到什麼補償吧？可是我告訴她：過去的事，已過去了，再抱怨也是於事無補，現在唯一可做的便是想辦法去補救它。

其實，一切不如意事，都是循著因果律而發生。也許你此生未必做過什麼惡事，可是誰敢擔保說你的前生、再前生，就沒幹過什麼壞事嗎？如果我們能肯定因果的法則，則對於一切所遭受的不如意事，非但沒有怨尤，反而會更積極努力地去改善未來的命運。

（四）社會的健康

個人的身心健康固然很重要，更重要的是從個人的生命發展到社會人類的生命，這也就是說，我們應將健康的範圍，擴大到社會的健康，人類的健康。

佛法常說廣度眾生，這是絕對正確的，不過有些佛教徒，忘卻了人的立場，而僅努力地去為鬼道及傍生做佛事，這就不正確了。釋迦牟尼佛以人的身相，在人間成佛，又在人間教化人類，此皆一再表明佛法是以人為主體，以人類為其主要對象。由此可知我們若要宣揚佛法，首先要肯定佛法的推行，對人間社會有哪些效益。以佛法推行發展社會教育，來淨化人心，改善社會風氣，便是這次幸福人生講座的深切願望。具體地說，可分兩點：

1. 不製造社會問題：希望社會健康，首要不製造社會問題。我們的社會自有人類以來，即是不完美的、不健全的。因為人的本身即是為了受苦執而生，即是帶了問題來人間的。例如人類經常自私自利，為著利害得失而計較衝突。在人類的歷史上，為著個人的名聞、利益，而不惜犧牲多數人的利益者，比比皆是，這些人便為滿足私欲努力地製造社會問題。

2. 解決社會問題：要尋求社會健康，除了消極地不製造社會問題外，進一步，更要積極地解決社會問題。一切宗教家及社會工作人員，都是應運解決社會問題而存在的。

鳥必有窩，才有棲息之處，窩若有缺漏，應該設法修理，切不可因為窩不理想，便一舉將之拆除，這無疑是太愚癡了。同樣地，人要依附社會的結構才能生存，然而社會是不可能沒有問題的。鳥窩壞了，便要努力將它修好；社會有了問題，更要想辦法將它解決才是。

（五）國家的健康

同樣地，政府國家也是人民組織成的，故亦不可能沒有缺點。有了缺點，我們仍要赤誠地擁護它，努力地改善它才是。有人會懷疑，學佛既是以出世解脫為根本目的，那麼佛教徒會愛國嗎？我說佛教徒非但是愛國的，而且比任何人更愛國。以佛陀為例，釋迦牟尼的出生地為「迦毘羅衛」，當佛將涅槃時，他的祖國遭到了滅亡的厄運，他仍努力地想辦法去解救它。

有人問：「佛教是從印度傳到中國的？哪裡是佛教徒的祖國？」又如我有時在國內，有時在國外，我愛的是哪一個國家呢？我說：「我愛我出生的祖國，同時也愛我所居留的國家。」若兩者合一，那當然沒有問題。若兩者不同，則我更愛我出生地祖國。

五、對安寧的看法

（一）生活的安寧

在我們的生活中，經常會受到很多的干擾，而我們須仰賴著法律和政府，以保障我們的自由與安寧。但是光靠法律來保障我們生活的寧靜，還是不夠積極的。所謂生活的寧靜即是不慌不亂，不吵不鬧。可是住在都市中的人，卻無時不受到干擾，而一般剛剛開始修行的人，尤其怕在人間過活，這些怕受到干擾的人，最好是到山裡去單獨生活。可是大多數的每一個人都有家庭的負擔，及事業的責任，是無法到山裡去的，那只有靠自己將生活安排得更有秩序、更有規律，而得到生活的安寧。事事有規律，時時做安排，生活便不會混亂、不會緊張、不會浮躁了。

（二）自心的安寧

有的人前一小時計畫著去看電影，後一鐘點卻又決定跑來聽我演講了，來了不久，心不能安定，又後悔沒去看電影，於是聽也聽得乏味，坐也坐得疼痛。這種矛盾，便是思想不安寧。如果我們的思想能夠非常穩定，自己不受外境擾亂，便能得到思想的安寧。

一般人的內心受干擾，多半是因身外的事物而引起的。好吃的、好看的、好聞的、好穿的、好玩的，會干擾我們。不好吃的、不好看的、不好聽的、不好聞的、不好穿的，也會干擾我們。然所謂：「酒不醉人，人自醉。」一切物塵所在，只要我們按心不動，不去睬它，它便無法干擾我們了。

（三）家庭、社會、國家的安寧

我在美國打禪七時，有位學員於禪七圓滿後，回家向他的太太說：「經過禪七的訓練，從現在起，我才想到，我是妳真正的丈夫了。」他的太太很訝異：「結婚都已二十多年了，你不是我的丈夫，那又將是誰的丈夫呢？」先生再說：「妳該聽說過，同床異夢的話吧！過去，我糊里糊塗，整天受著外面聲色的干擾，而迷失了我自己，經過七天的修行後，我才反省、檢點自己以前所做種種不對，不曾盡力做好做丈夫的責任。從現在起，我要努力向善，故是妳真正的丈夫了。」一般人在家中如此，在社會國家中又何嘗不是如此呢？不是逸於聲色，就是盲於名利，誰又曾真正為社會為國家盡到了什麼責任呢？誰又曾盡心盡力地去維護家庭、社會以及國家的安寧呢？

（四）人心需要安寧

只有受過佛法熏習和經過嚴謹修行訓練之後，我們才能反省發現自己一身都是缺點，我們是對不起家庭也對不起社會和國家的，能如此反省而誠心懺悔。但是若光只反省和懺悔而沒有加上用修行的方法來鍛鍊我們的心，那反省懺悔的力量還是很有限的。只有反省懺悔和修行鍊心雙管齊下，才能使我們業障消除而能得到心地裡真正的安寧，故修行鍊心為一切安寧的基礎。

這次我的演講到此為止。最後我再次感謝主辦單位、協辦單位和與會的各界人士。願將此講法的功德，迴向國家元首聖躬康泰，迴向高雄一百三十萬市民並祝福諸眾生皆能福壽康寧。謝謝各位！但願來日仍有機會和各位再次相聚。

（一九八三年三月三日及四日下午七點半至九點半講於高雄市立圖書館中興堂）

國家圖書館出版品預行編目資料

神通與人通：宗教人生 / 聖嚴法師著. -- 四版.
-- 臺北市：法鼓文化, 2018. 05
面；　公分
ISBN 978-957-598-781-7（平裝）

1. 佛教教化法 2. 宗教與哲學

225.4　　　107004328

學佛入門 6

神通與人通——宗教人生

Supernormal Cognition and Human Interconnectedness: Life and Spirituality

著者　聖嚴法師
出版　法鼓文化
總審訂　釋果毅
總監　釋果賢
總編輯　陳重光
編輯　李金瑛、李書儀
封面設計　化外設計
內頁美編　小工
地址　臺北市北投區公館路一八六號五樓
電話　(02)2893-4646
傳真　(02)2896-0731
網址　http://www.ddc.com.tw
E-mail　market@ddc.com.tw
讀者服務專線　(02)2896-1600
四版一刷　二〇一八年五月
四版二刷　二〇二一年十一月
建議售價　新臺幣二五〇元
郵撥帳號　50013371
戶名　財團法人法鼓山文教基金會—法鼓文化
北美經銷處　紐約東初禪寺
Chan Meditation Center (New York, USA)
Tel: (718) 592-6593　E-mail: chancenter@gmail.com

法鼓文化